温芳国画作品选

《千里祥云 万古长青》

《花开富贵》

《祥云万里 紫气东来》

《空山新雨后》

《无题》

《报春图》　　　　　　　《大吉之家》

《爱的纠结》　　　　　　《溪山人家》

起名实例详解

QIMING SHILI XIANGJIE

毛上文 温芳 编著

气象出版社
China Meteorological Press

内容简介

名字表面上是几个字组成的简单符号，但其中隐含的美好寓意对个人、企业等的发展有积极影响。本书介绍了起名基础哲学知识，讲解了个人、企业、店铺、品牌等起名的方法与技巧，包括五格剖象起名法、五维全息起名法、提炼诗词起名法等，列举了作者创作的个人、企业、店铺、品牌等起名策划实例，附有起名常用汉字笔画、读音、五行、释义，适合社会大众、企业、产品等起名参考，也可作为广大读者了解起名文化知识的休闲读物。

图书在版编目（CIP）数据

起名实例详解／毛上文，温芳编著. -- 北京：气象出版社，2017.7（2018.4重印）

ISBN 978-7-5029-6558-7

Ⅰ.①起… Ⅱ.①毛… ②温… Ⅲ.①姓名学-通俗读物 Ⅳ.①K810.2-49

中国版本图书馆 CIP 数据核字（2017）第 111992 号

起名实例详解
QIMING SHILI XIANGJIE

出版发行：气象出版社	
地　　址：北京市海淀区中关村南大街 46 号	邮政编码：100081
电　　话：010-68407112（总编室）　010-68408042（发行部）	
网　　址：http://www.qxcbs.com	E-mail：qxcbs@cma.gov.cn
责任编辑：杨　辉	终　　审：张　斌
责任校对：王丽梅	责任技编：赵相宁
封面设计：樊润琴	
印　　刷：北京中新伟业印刷有限公司	
开　　本：710 mm×1000 mm　1/16	印　　张：15
字　　数：176 千字	彩　　插：2
版　　次：2017 年 7 月第 1 版	印　　次：2018 年 4 月第 2 次印刷
定　　价：42.00 元	

本书如存在文字不清、漏印以及缺页、倒页、脱页等，请与本社发行部联系调换。

前言

25年前,我上大学期间,在当时的内蒙古财经学院校刊发表了一些散文、诗歌,那时我的姓名叫毛中文,作品署名也是用这个名字。1993年大学本科毕业,我放弃了分配到的安稳工作,怀着人生创业梦想,只身一人来到山东各沿海城市闯荡,从青岛到日照岚山经济开发区,又从日照到烟台、威海,一路寻找事业发展机会,最终落脚威海市,先后在国有企业、私有企业、合资企业工作过,工作期间进修工商管理研究生课程,当过人力资源与绩效考核讲师,考取了国家人事部、国务院国有资产监督管理委员会和司法部批准颁发的《企业法律顾问执业资格证书》。1999年,由于在威海市发展个人事业的机会相对较少,我从威海市又漂泊到北京,成为"北漂一族",然而事业并未有多少起色。本科毕业后工作7年多的时间里,我无论怎么努力奋斗,事业都屡受挫折,总感到被命运捉弄。2000年,我改名为毛上文,也许是受到名字奋发向上意义的暗示,自我感觉从此脱胎换骨,时来运转。改名后,我意识到好名字能给人带来积极影响,于是想跟大家分享我的心得,把平时钻研姓氏文化的成果化为了文字,坚持写作,2001年在气象出版社出版了《起名技巧大全》一书,至今已畅销15年。如今,我与夫人温芳累计出版了近40部与姓氏文化、《周易》等相关的传统文化图书,包括《宝宝起名全书》《起名万年历》《起名技巧一点通》《宝宝起名指南》《五行起名详解》

《起名实用经验大全》《王姓起名通典》《李姓起名通典》《张姓起名通典》《陈姓起名通典》《杨姓起名通典》《刘姓起名通典》《赵姓起名通典》《住宅室内外环境布局诀窍——住宅风水指南》等，其中，《宝宝起名全书》入选《2010—2011年农家书屋重点出版物推荐目录》。

2017年2月6日，中共中央办公厅、国务院办公厅正式公布《关于实施中华优秀传统文化传承发展工程的意见》，《人民日报》发表评论《向我们的文化传统致敬》："我们以独特的智慧和价值屹立东方。从老子的'道法自然'到孔子的'仁者爱人'，从周易的'阴阳相生'到孟子的'民贵君轻'、礼乐相和的精神、天人合一的哲学，涵养了中国人的精神生活，架构起中华民族的心灵空间。"为使中华优秀传统文化内涵更好更多地融入生产生活各方面，转化为不可或缺的日常组成部分，我们响应出版社约稿，搜集查阅了数百万字的文献资料，力求客观、真实、准确地传播姓氏文化正能量，夜以继日地写作了《起名实例详解》。本书与我以前编著的起名图书内容侧重点有所不同，自始至终本着通俗易懂的原则写作，欢迎社会各界学者、起名相关工作者、宝宝家长等加我微信MSW3333给予批评指正。

毛上文
2017年5月16日
（丁酉年乙巳月癸卯日）

目录

前言

第一章　起名入门知识//1

第一节　五行//3

❀ 五行起源//3

❀ 五行属性//7

❀ 五行生克//11

❀ 五行乘侮//16

❀ 五行旺相//17

第二节　天干//17

第三节　地支//35

第四节　干支关系//38

❀ 相化//38

❀ 六合与三合//39

❀ 相冲//40

❀ 相害//40

❀ 相刑//40

第五节　十二时辰//41

第六节　四季·二十四节气·五行旺衰//48

第七节　干支纪历·四柱//55

第二章　宝宝起名方法与实例//63

第一节　宝宝起名方法//65

❀ 十二生肖起名法//65

❀ 四柱五行起名法//69

❀ 五格剖象起名法//76

❀ 五维全息吉祥起名法//98

❀ 提炼诗词名句起名法//107

❀ 按家谱辈分字起名技巧//120

❀ 二胎起名技巧//127

第二节　宝宝起名实例详解//129

　　❀ 起名实例一：薛家昂//130

　　❀ 起名实例二：何通滨//131

　　❀ 起名实例三：任乔莉//132

　　❀ 起名实例四：屈尚节//133

　　❀ 起名实例五：佟溪檬//134

　　❀ 起名实例六：邹棠宇//135

　　❀ 起名实例七：周钲博//136

　　❀ 起名实例八：莫金奇//138

　　❀ 起名实例九：桂仪苒//139

　　❀ 起名实例十：郁茁祺//140

　　❀ 起名实例十一：李梓萌、李梓绮（龙凤胎）//141

　　❀ 起名实例十二：仁子沁//142

　　❀ 起名实例十三：戎淑颀//144

　　❀ 起名实例十四：覃奕桥、覃怡蓓（龙凤胎）//145

　　❀ 起名实例十五：袁嘉荷//146

　　❀ 起名实例十六：袁歌笙//147

　　❀ 起名实例十七：刘时雨//148

　　❀ 起名实例十八：王一朵//149

　　❀ 起名实例十九：李介然//151

❀ 起名实例二十：农经邦//152

❀ 起名实例二十一：杜雪嫣//153

❀ 起名实例二十二：廖品淏//154

❀ 起名实例二十三：黎翰潮//155

❀ 起名实例二十四：李我征//156

❀ 起名实例二十五：于正宸//158

❀ 起名实例二十六：慕钟润//159

❀ 起名实例二十七：飞安盛淳//160

❀ 起名实例二十八：应豪//161

❀ 起名实例二十九：於沁呦//162

第三章　企业、店铺、产品起名技巧与实例//165

第一节　企业、店铺、产品起名技巧//169

❀ 根据地名简称、地理位置或地方特色策划名号//169

❀ 根据人的姓名策划名号//170

❀ 借用动植物名策划名号//171

❀ 根据五行数理组合汉字策划名号//171

❀ 根据外文词语的音义策划名号//173

❀ 巧用俗语策划名号//174

❀ 中成药起名方法//175

第二节　企业、店铺、产品起名实例详解//176

❀ 实例一：大游美水上用品有限公司//176

❀ 实例二：都市木匠装修有限公司//177

❀ 实例三：帜豪美发服务有限公司//178

❀ 实例四：小Q鹅化妆品//179

❀ 实例五：万导手机充电器//180

❋ 实例六：酷朵贝童装店//181

❋ 实例七：护神府健身中心//182

❋ 实例八：百嘉金苑旅游养老基地//183

第四章　品牌名称策划技巧与实例//185

第一节　品牌名称策划技巧//187

❋ 借用民歌、故事、小说里的词语或者人物形象策划品牌//187

❋ 采用汉语拼音策划品牌//189

❋ 英文单词与汉语拼音变通组合品牌名//190

❋ 化简调换音素策划品牌//190

❋ 外文词语复合策划品牌//191

❋ 独创新词策划品牌//193

❋ 文字与数字结合策划品牌//194

❋ 品牌延伸起名技巧——主品牌加上新的"小名"//194

第二节　品牌名称策划实例详解//195

❋ 实例一：无纺布口罩品牌"巴佰春"及其logo体现健康理念//195

❋ 实例二：酒坊品牌"鸿福盈"易吸引人//196

❋ 实例三："玖贯行"融资担保突出品牌实力//197

❋ 实例四："暖爱邦"地暖品牌温馨爱家//199

❋ 实例五："百树成"体现"百年树人"教育大计//200

❋ 实例六："金算盘"品牌命名//201

附录　起名常用字笔画、读音、五行、释义//203

第一章 起名入门知识

第一节 五 行

五行是打开中医学、哲学、起名学等传统文化领域的一把钥匙。五行是什么？中国古人将"水、火、木、金、土"总称为五行。

❋ 五行起源

在中国古代文献里，"五行"总名及其分名"水""火""木""金""土"最早出自先秦时期的《尚书》。《尚书·洪范》篇说："五行：一曰水，二曰火，三曰木，四曰金，五曰土。"到战国中期，"五行""木行""火行""土行""金行""水行"等术语又出现于齐国稷下学宫（稷下学宫是战国时期田齐的官办高等学府）学者的著作集《管子》中。《管子·五行》说："昔黄帝以其缓急作五声，以政五钟……五声既调，然后作立五行以正天时（开始确定五行来规正天时季节），五官以正人位。人与天调，然后天地之美生。日至（冬至后），睹甲子木行御（从遇见甲子日开始，要按照木行的德性应时治事）……七十二日而毕。睹丙子火行御……睹戊子土行御……睹庚子金行御……睹壬子水行御。"隋代萧吉《五行大义·释名·五行名》："五行为万物之先，形用资于造化，岂不先立其名，然后明其体用。"宋代王应麟《三字经》说："曰水火，木金土，此五行，本乎数。"

五行源自远古史前文化瑰宝"河图"之阴阳数。五行是由阴阳之数交合生成的。《周易·系辞传》曰："天垂象，见吉凶，圣人象之；河出'图'，洛出'书'，圣人则之。"其中，"见"通假"现"，意为显示；"河"旧解指黄河，笔者倾向新解为天之银河即天河；"图"即后人所称的"河图"，指龙马身上的图像；"洛"

指地之洛水，与天之银河相对；"书"即"洛书"，指神龟背上的纹理画像；"则"本指"等画物也"，引申为仿效、效法。汉代《尚书中候·握河纪》说："伏羲氏有天下，龙马负图出于河，遂法之以画八卦。""河图"五行生成口诀为："天一生水，地六成之。地二生火，天七成之。天三生木，地八成之。地四生金，天九成之。天五生土，地十成之。"《尚书大传·五行传》："天一生水，地二生火，天三生木，地四生金，前四畴乃王极（王极，指天子据以治国的大中之道）之体所以建，故配其生数。地六成水，天七成火，地八成木，天九成金，后四畴乃王极之用所以行，故配其成数。天五生土，故配之以王极，一二三四皆由五数而成六七八九，是水火木金皆赖乎土而成，此王极所以为八畴之要枢也。"这里的"天"不是指天空，而是指阴阳的"阳"；"地"不是指大地，而是指阴阳的"阴"。这句话大意是：一与六合而共同生成"水"，二与七合而共同生成"火"，三与八合而共同生

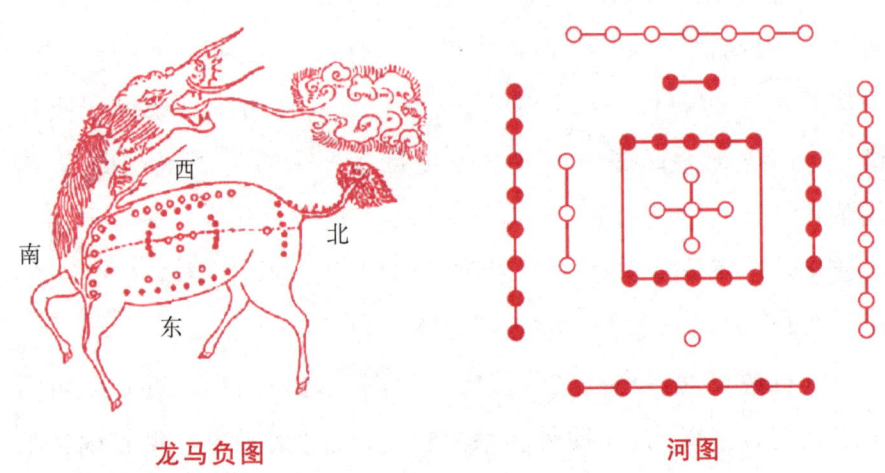

龙马负图　　　　　　　**河图**

正如考古所见，"河图"只有图形，用图形表示数。白圈代表阳，黑圈代表阴；白圈的个数就是阳数，黑圈的个数就是阴数，其排列是：一、六在下（北），二、七在上（南），三、八在左（东），四、九在右（西），五、十居中心。

成"木",四与九合而共同生成"金",五与十合而共同生成"土"。根据中国古代哲学家的解释,"河图"里的上、下、左、右、中五组数分别与火、水、木、金、土五行生成紧密相关。

《尚书》所言"五行"具有天道五个时节与五种材质的含义。《尚书·甘誓》有"威侮五行,怠弃三正"的说法,《尚书·洪范》说:"初一曰五行。五行:一曰水,二曰火,三曰木,四曰金,五曰土。水曰润下,火曰炎上,木曰曲直,金曰从革,土爰稼穑。"根据清代学者王引之注解,"威侮"之"威"就是"烕",音 miè。烕,从火、戌,从戌藏火。火死于戌,亦即阳气至戌而尽。所以"烕"意为熄灭、灭亡。"烕"又通"蔑",意为侮蔑、蔑视、轻蔑。"烕侮"即轻视、怠慢、轻慢,与后文"怠弃"相类,亦与《尚书·泰誓》"狎侮五常,荒怠弗敬"之"狎侮"同义。"威侮五行"之"五行"与"狎侮五常"之"五常"都有天道五个时节的含义。如果"初一曰五行"之"五行"为前所考天道时节含义,则其与后文所叙岁、月、日、星辰、历数的"次四曰协用五纪"有矛盾,即"九畴"中"五行""五纪"两畴有重叠,故《洪范》所言"五行"都指五材。如今,一些学者指出,五行原指天道历数(历数指岁时节候的次序),其五是时数五,其行是天道行。林桂榛博士提出"五行"本是天道五行的历数概念,并解释了围绕原始天道五行说而分别注入五材、五德说的思孟五行论、邹衍五德论之来历(详见《光明日报》2013 年 1 月 7 日第 13 版《"五行"说源于天道历数考》与《光明日报》2016 年 1 月 11 日第 16 版国学版《"五行"说再考源》)。

"五行"又称五节、五辰、五气、五常、五运,实皆为本于"天道历数"之义,这散见于历代典籍。《黄帝内经》曰:"天有四时五行以生长收藏,以生寒暑燥湿风……天有五行御五位以生寒暑燥湿风……终砉之日，周而复始。"《管子》曰："昔黄帝……作立五行以正天时，五官以正人位。"此"五行"即天道五行历数义，故曰"以正天时"。《孙子兵法·虚实》言："五行无常胜，四时无常位。"虽然汉代已盛行五行即金、木、水、火、土这一观念，但是当时学者仍用"五行"阐述天道的天行时历，例如西汉司马迁精于史及天文历法，《史记·历书》引文、补文有："律历，天所以通五行八正之气，天所以成熟万物也""盖黄帝考定星历，建立五行，起消息，正闰余""分阴阳，建四时，均五行，移节度，定诸纪，皆系于斗"等语句。西汉思想家、政治家董仲舒《春秋繁露》曰："天地之气，合而为一，分为阴阳，判为四时，列为五行。"东汉《白虎通》曰："言行者，欲言为天行气之义也。"东汉著名史学家班固《汉书》曰："五行者，五常之形气也。"东汉政论家、文学家、思想家王符《潜夫论·卜列》："古有阴阳，然后有五行。五帝各据行气，以生人民。"传世本《孔子家语·五帝》记载孔子答复季康子的问题，孔子曰："昔丘也闻诸老聃曰：'天有五行，水火金木土，分时化育，以成万物，其神谓之五帝。'古之王者，易代而改号，取法五行。五行更王，终始相生，亦象其义。"郑玄注《礼记》曰："生气，阴阳气也；五常，五行也。"汉朝刘熙《释名》曰："五行者，五气也，于其方各施行也。"宋朝第四位皇帝宋仁宗赵祯《洪范政鉴》引东汉末期经学家郑玄曰："行者，言顺天行气也。"唐代经学家颜师古注《汉书》曰："谓之行者，言顺天行气。"隋唐学者型官员孔颖达注疏《洪范》曰："谓之行者，若在天五气流行，在地世所行用也。"北宋思想家和教育家胡瑗《洪范口义》曰："谓之行者，以其斡旋天地之气而运行也，故谓之行。"

五行属性

"五行"又称"五材",即木、火、土、金、水是人们生产生活必需的五种自然物质,取自君民日用,"五材"减"土"则称作"四用",增"谷"则称为"六府",皆属地道材质属性,其说亦甚古,《尚书》《国语》《左传》《易传》等颇见,如《尚书·大禹谟》:"地平天成,六府三事(正德、利用、厚生)允治,万世永赖。"《国语·郑语》记载西周末期思想家史伯对郑桓公所说之言:"夫和实生物,同则不继。以他平他谓之和,故能丰长而物归之;若以同裨同,尽乃弃矣。故先王以土与金木水火杂,以成百物。"史伯提出金、木、水、火、土等不同的东西互相融合才能产生百物,如果同上加同,比如给一杯水里再加上水,不仅不能产生新的事物,而且将继续显得平淡无味,没有生机活力,世上万事万物莫不如此。《国语·鲁语》又说:"地之五行,所以生殖。"这些观念,在《左传》和古代易学著作中也有体现。《左传·襄公二十七年》载:"天生五材,民并用之。"《左传·昭公二十五年》载:"(天地)生其六气,用其五行。"《左传·昭公三十二年》载:"天有三辰,地有五行。"西汉帛书《易传·要》:"故《易》又天道焉,而不可以日月星辰尽称也,故为之以阴阳;又地道焉,不可以水、火、金、土、木尽称也,故律之以柔刚;又人道焉,不可以父子君臣夫妇先后尽称也,故为之以上下;又四时之变焉,不可以万物尽称也,故为之以八卦。"这里的水、火、金、土、木就属地道"五材"即五种具体物质,古老的《周易》又确立了地之大规律(即地道),用水、火、金、土、木这五种具体材质不能详尽描述地道,所以将地之大道总括起来叫柔刚之道。"地道"是天、人、地"三才"之一,是柔与刚之道。人类违背柔刚之道,必然受到自然规律的惩罚。我国北宋时代官修的一部韵书《广韵》说："道，理也，众妙皆道也。"《康熙字典》解释"道"为"合三才万物共由者也"。

对于中医学来说，古代是谁首次将"五行"用于养生医道呢？根据唐朝医学家王冰对《黄帝内经·素问》的注释，《素问·天元纪大论》篇有鬼臾区回答黄帝说"臣积考《太始天元册》文曰：太虚寥廓，肇基化元，万物资始，五运终天，布气真灵，总统坤元……"，王冰对此注曰："《天元册》，所以记天真元气营运之纪也。自神农之世，鬼臾区十世祖，始诵而行之，此太古占候灵文，泊乎伏羲之时南华，非新学之所易晓。"由此可知，鬼臾区当是炎帝神农氏祖传十世的后代医师。

《素问·天元纪大论》篇有黄帝与鬼臾区的问答。黄帝问曰："天有五行御五位，以生寒暑燥湿风。人有五脏化五气，以生喜怒思忧恐。论言五运相袭，而皆治之，终期之日，周而复始，余已知之矣。愿闻其与三阴三阳之候奈何合之？"又问"何谓气有多少，形有盛衰？"鬼臾区稽首再拜对曰："昭乎哉问也。夫五运阴阳者，天地之道也，万物之纲纪，变化之父母，生杀之本始，神明之府也，可不通乎……神在天为风，在地为木；在天为热，在地为火；在天为湿，在地为土；在天为燥，在地为金；在天为寒，在地为水。故在天为气，在地成形，形气相感，而化生万物矣……然天地者，万物之上下也。左右者，阴阳之道也。水火者，阴阳之征兆也。金木者，生长之终始也。气有多少，形有盛衰，上下相召，而损益彰矣。"帝曰："善，何谓气有多少，形有盛衰？"鬼臾区曰："阴阳之气，各有多少，故曰三阴三阳也。形有盛衰，谓五行之治，各有太过不及也。"阴分太阴、少阴、厥阴，总称"三阴"；阳分为太阳、阳明、少阳，总称"三阳"。"太""少"是指阴阳之气有大有小。"两阳合明"谓之阳明，指阳气最盛;"两阴交尽"谓之厥阴,指阴气最微。商王文丁的儿子、纣王的叔父箕子继承了五行治国大道。《史记》《汉书·五行志》都记载箕子向周武王陈述五行之道。《宋史》载:"昔武王克商,访箕子以治道,箕子为之陈洪范九畴,五行五事之次,即曰'农用八政',八政之目,即以食货为先。五行,天道也;五事,人道也。天人之道治,而国家之政兴焉。"

"五行"由具体物质概念引申扩展,逐渐发展为哲学概念,从具体的五行发展为抽象的五行。"气"(含阳气、阴气)是人和生物维持生命都离不开的看不见的能量,为贯穿整个阴阳五行说体系的核心。战国时期的《管子》指出,木、火、土、金、水为天地阴阳之气所生,五行本身也是五行之气。《管子·侈靡》说"且夫天地之精气有五",就是把五行视为天地间的五种精气。《黄帝内经·素问》认为:"人以天地之气生,四时之法成。""行"的含义,有学者认为,既有四通八达、五方道路的名词意义,也有运动、流行、行用、行进的动词意义。五行之"行"两者兼而有之。五行学说建立在古人对自然、社会、人生与精神的认识基础上,逐渐成为中国古典哲学理论,是中国古代朴素的世界观和整体系统的方法论,由之衍生出古人的自然观、社会观、人生观、价值观、物质观、运动观和时空观。

隋代萧吉《五行大义·序》:"夫五行者,盖造化之根源,人伦之资始,万品禀其变易,百灵因其感通,本乎阴阳,散乎精像,周竟天地,布极幽明。"中国近代著名历史学家、民俗学家顾颉刚先生说:"五行是中国人的思想律,是中国人对于宇宙系统的信仰,两千余年来,它有极强固的势力。"著名历史学家范文澜指出,阴阳五行说是中国天字第一、二号学说。现代历史学家齐思和说:"吾国学术思想,受五行说之支配最深……(五行说）为中国传统学术思想之中心。"现代天文学家陈遵妫则认为："殷末周初形成的阴阳五行说是当时关于宇宙生成的理论，发展到后来，成为指导人类行为的基本原理。"以上这些名人的话，道出了五行学说在中国文化中的重要地位。现在，五行与中医、养生、起名等更加息息相关。

自从五行学说上升到哲学高度，就有了方法论的指导意义。宇宙天体、人类、万事万物数量庞大，性状复杂，命运多变，各得其所，各有归宿，怎么进行研究？中国先哲圣贤根据五行的抽象属性，对宇宙天体、人类、万事万物进行了分类，将其精简为木、火、土、金、水五大类：凡具有向下、寒冷、滋润、闭藏特性者统属于"水"，就方向而言指北方，于季节则代表冬季，在气味指咸，在颜色属黑，在五官表示耳，在脏为肾，在腑为膀胱，在体为骨，在情志为悲哀；凡具有炎热、向上特性者统属于"火"，就方向而言指南方，于季节则代表夏季，在气味指苦，在颜色属红，在五官表示舌头，在脏为心，在腑为小肠，在体为脉，在情志为快乐；凡具有伸展、生发、曲直、仁和特性者统属于"木"，就方向而言指东方，于季节则代表春天，在气味指酸，在颜色属青，在五官表示眼，在脏为肝，在腑为胆，在体为筋，在情志为欢喜；凡具有收敛、刚硬、革新、肃杀特性者统属于"金"，就方向而言指西方，于季节则代表秋季，在气味指辛，在颜色属白，在五官表示鼻，在脏为肺，在腑为大肠，在体为皮毛，在情志为愤怒；凡具有承载、稳定、化育、德信特性者统属于"土"，就方向而言指中心之位，于季节则代表四季末月，在气味指甜，在颜色属黄，在五官表示口，在脏为脾，在腑为胃，在体为肉，在情志为忧郁。

五行类属表

五行	木	火	土	金	水
方位	东	南	中	西	北
纳音	角	徵	宫	商	羽
四季	春	夏	长夏	秋	冬
五形	长	尖	方	圆	曲
五色	青	赤	黄	白	黑
五味	酸	苦	甘	辛	咸
情态	怒	喜	思	忧	恐
五智	仁	礼	信	义	智
五脏	肝	心	脾	肺	肾
五腑	胆	小肠	胃	大肠	膀胱
五官	目	舌	唇	鼻	耳
五体	筋	脉	肉	皮毛	骨
五气	风	暑	湿	燥	寒
五化	生	长	化	收	藏
五温	温	热	自然	凉	寒

❋ 五行生克

尽管宇宙、人类、万事万物关系复杂繁多，但是用五行的"生"和"克"就可以概括，中国古人用五行生克理论解释人、事、物的兴衰成败。五行生克制化理论是中华传统文化的精华，也是人类古老的系统论、控制论。

战国中期《管子》将阴阳说和五行说融合，建立以阴阳（代表事物最基本对立关系）为天地之道、以五行之气为核心的阴阳五行说体系，并配以四时（春、夏、秋、冬）与五方（东、南、中、西、北）。具体包括以下四方面的内容：第一，阴阳说与五行说相互共存。《管子·四时》说："阴阳者，天地之大理也。"

又论及气配以五方、四时产生五行；《管子·五行》既要求"通乎阴阳"，又要求按照五行的属性施政；《管子·侈靡》既要求知"阴阳进退满虚"，以应天、人、地之变气，又要求知天地间五行之气"动毁进退"，以免"诅（阻）其亟而反其重"。第二，气为贯穿阴阳五行说体系的最高的哲学范畴，木、火、土、金、水为阴阳之气所生，五行本身也是气，《管子·侈靡》说"且夫天地之精气有五"，就是把五行视为天地间的五种精气。第三，五行与五方、四时相配即相对应。第四，蕴含五行相生之理，原始的五行相生说与节气、物候有关，是我国古代以农业立国的产物。战国末年《吕氏春秋·应同》说："黄帝之时，天先见大螾大蝼，黄帝曰'土气胜'，土气胜，故其色尚黄，其事则土。及禹之时，天先见草木秋冬不杀，禹曰'木气胜'，木气胜，故其色尚青，其事则木。及汤之时，天先见金刃生于水，汤曰'金气胜'，金气胜，故其色尚白，其事则金。及文王之时，天先见火，赤乌衔丹书集于周社，文王曰'火气胜'，火气胜，故其色尚赤，其事则火。代火者必将水，天且先见水气胜，水气胜，故其色尚黑，其事则水。水气至而不知，数备，将徙于土。"这段论述用五行相胜（克）比附历史的演变，且把五行看作五行之气，土胜水、水胜火、火胜金、金胜木、木胜土，如此循环往复。《黄帝内经》则运用包括五行相生相克在内的阴阳五行说解释万物与人的生理及病理，比如，《素问·宝命全形论》说："木得金而伐，火得水而灭，土得木而达，金得火而缺，水得土而绝，万物尽然，不可胜竭。"意思是：木遇到金，就要被削伐折断；火遇到水，就被熄灭；土遇到木，就得到疏松；金遇到火，就会融化；水遇到土，就被遏制。这种变化，万物都一样，不胜枚举。所谓"万物尽然，不可胜竭"，说明古人已不仅仅把相生相克关系作为五种具体物质之间的关系来看待,而是上升为一种概括万事万物运动变化的抽象关系,也就是说,各类事物或其内部所具有的属木、属火、属土、属金、属水的性质以及它们之间所具有的相生相克的关系,构成一种相对稳定的有规律的系统。

《孙子兵法》是我国现存最早的兵书,有的学者认为其成书于春秋末期,有的则认为其成书于战国。我国学者钱穆、李零与日本学者斋藤拙堂都认为《孙子兵法》成书于战国。李零认为《孙子兵法》不是春秋末孙武亲著,而是战国中期的后人将春秋末期吴国到战国时的齐国"孙子学派"军事思想进行记录整理的著作。笔者依据五行源流发展史,认为《孙子兵法》最早成书于战国中期,不是孙武一人"原创",而是其后的兵法家以孙武的尊称"孙子"之名汇编的书,《孙子兵法》成书比《管子》晚。因此,笔者将《孙子兵法》所言"五行无常胜"放在《管子》五行说之后。《孙子兵法》:"夫兵形象水,水之形,避高而趋下,兵之形,避实而击虚。水因地而制流,兵因敌而制胜。故兵无常势,水无常形。能因敌变化而取胜者,谓之神!五行无常胜,四时无常位,日有短长,月有死生。"五行相生相克,没有哪个是固定不变的。四季交替,没有一季是不再变换的。白天有短有长,月亮有圆有缺。也就是说,五行之间的关系既有固定规律即"常道",也有非常道的规律即"变道",生克关系根据形势、虚实、多寡、强弱、旺衰等具体情况而变化,不一定按照固定模式变化,正如水没有固定的形状和流向一样,能根据生克变化而预断准确的,才叫料事如神。

著名军事家孙膑及其弟子撰写的《孙膑兵法》(古称《齐孙子》)说:"有胜,有不胜,五行是也。"这与《孙子兵法》里的"五行无常胜"的思想火花一样闪光。《孙膑兵法·奇正》说:

起名实例详解

"天地之理,至则反,盈则败,□□(此处所缺二字疑为'日月'或'阴阳')是也。代兴,代废,四时是也。有胜,有不胜,五行是也。有生,有死,万物是也。有能,有不能,万生是也。有所有余,有所不足,刑(形)势是也。故有刑(形)之徒,莫不可名(名指识别、命名);有名之徒,莫不可胜。故圣人以万物之胜胜万物,故其胜不屈。"其中,"正"指一般的、正常的;"奇"指特殊的、变化的;"代"指更替;胜,指相克、制胜;万生,指各种人和事物。这句话的大意是:天地间万事万物变化之理是物极必反、盛极必衰,这是阴阳之道。更替兴衰,就如同一年四季的变化交替一般,是正常而必然的。国家、军队、五行有相克且胜过对方,也有不克能取胜的,这是金、木、水、火、土五行之道。有生就有死,世间万物都一样。有能做到的,也有不能做到的,所有的人和事物都是这样。有条件具备而有余的,也有条件不足的,形势发展变化就是如此。因此,只要是有阵形(形体)显露的军队(事物),就没有不能被识别的;而只要是能被识别的军队(事物),就没有不可制服的。所以,圣人会运用一物的长处去克制另一物,以此驾驭万物,万物没有不屈服的。

战国末期墨家门徒汇编的《墨子·经下》曰:"五行毋常胜,说在宜。"毋,无也。东晋著名道士、医药学家葛洪曾在《抱朴子·暇览》中说道:"其变化之术,大者唯有《墨子五行记》。"墨子不直说五行相克,亦不直言五行相生,意在五行之间相生相克的关系不是僵化固定的,其变化的关键是要看环境、质量、强弱、生克条件等是否适宜。《墨子·经说下》又对此解释说:"五:金(旧作'合',笔者以为'金')水土木(旧作'火',应为笔误,此改为'木')火离(离,丽也,意为附丽、附着、依附),然火烁金,火多也;金靡炭(旧注'靡,研磨也'。笔者今解'靡,灭也。炭，火也'，突出五行为具体物质），金多也；金（旧作'合'，应为'金'）之府（府，聚也，通'附'，意为附丽、依附）水（言金得火则销铄而成水）；木离火（旧作'木'，应为'火'）。若识麋与鱼之数，唯所利。"这是墨家在五行相生相克说基础上，对"五行毋常胜"进一步的阐释，完善了五行学说体系。研究先秦诸子的学者谭戒甫先生说："金、水、土、木、火五者，皆彼此相附丽，并非相生，故曰'金水土木火离'。何以故？以水聚藏于金而火附丽于木耳。正如同麋之所利，于山之林；鱼之所利，在川之水。故林盛而麋赴焉，水大而鱼藏焉。若能识别此道，则水非生于金而木非生火，可以恍然悟矣。"五行相克也不是按照固定顺序进行的，相反，因其质与量的多少，并据其不同机运，而发生逆变。如金与火的关系，火多金少，则火能把金熔化，正如《庄子·外物》所云"金与火相守则流"；反之，金多火少，则金能把火压灭。王充《论衡·命义篇》云："譬犹水火相更也，水盛胜火，火盛胜水，遇其主而用也。"东汉末年魏伯阳《周易参同契》中关于五行的论述，也是以墨家五行附丽说来立论的，如书中写道："丹砂木精，得金乃并，金水合处，木火为侣。"

以上都是我国先秦时期古籍对《管子》"五行说"的发展，完善了阴阳五行说体系。到了汉代，大儒董仲舒《春秋繁露·五行相生》说："天地之气，合而为一，分为阴阳，判为四时，列为五行。行者，行也。其行不同，故谓之五行。五行者，五官也，比相生而间相胜也。故为治，逆之则乱，顺之则治。"五官，五行之官，即木正、火正、金正、水正、土正。"正，长也"，就是主管者、领导者。比相生，五行中相比邻者相生，如木生火之类。间相胜，五行中相间隔的相胜，如金胜木、火胜金之类。"胜，克也"，就指战胜。隋朝萧吉撰写的《五行大义》不仅是隋代以前传统五行学说的集大成者，也是研究中国整个五行思想发展史的最重要的著作。比如，《五行大义·卷二》"第十论相克"云："五行虽为君臣父子，生旺不同，逐忌相克。克者，制罚为义，以其力强能制弱。故木克土，土克水，水克火，火克金，金克木。《白虎通》云：'木克土者，专胜散；土克水者，实胜虚；水克火者，众胜寡；火克金者，精胜坚；金克木者，刚胜柔。'"

五行相生相克的一般规律：木生火，火生土，土生金，金生水，水生木；木克土，土克水，水克火，火克金，金克木。

五行是一个复杂的系统，在一个系统内的五行生克依附共存，循环往复，先人早指出"五行无常胜"，明代杰出医学家张景岳在《类经图翼·运气》特别强调："盖阴阳五行之道，亢极则乖，而强弱相残矣。故凡有偏盛，则必有偏衰，使强无所制，则强者愈强，弱者愈弱，而乖乱日甚。所以亢而过甚，则害乎所胜，而承其下者，必从而制之。此天地自然之妙，真有莫之使然而不得不然者。天下无常胜之理，亦无常屈之理。"

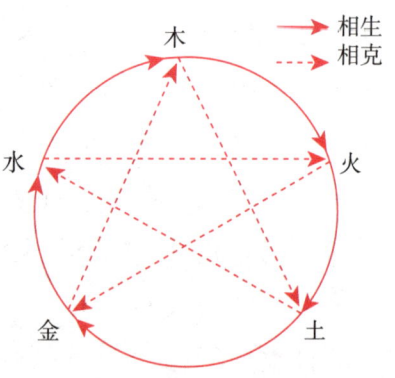

五行生克示意图

✿ 五行乘侮

五行相乘关系为木乘土，土乘水，水乘火，火乘金，金乘木。相乘即以强凌弱的意思，指五行中的某一行本身过于强盛，造成对被克的一行克制太过，使被克的一行虚弱，引起异常；或者五行中的某一行本身过于虚弱，使克制它的一行相对增强，本身就更虚弱了。如"土虚木乘"，由于土本身不足，形成木克土的力量相对增强，使土更加不足。

五行相侮关系为木侮金、金侮火、火侮水、水侮土、土侮木。五行相侮又称"反克",指五行中的某一行过于强盛,对其所不胜一行的反向制约;或者五行中某一行过于虚弱,反而受到其所胜一行的反向制约。

五行的相乘与相侮,都属于不正常的相克现象。两者的区别在于:相乘是按五行相克次序的克制太过,相侮则是与相克次序相反方向的克制异常。两者的联系在于:发生相乘时,有时也可同时出现相侮;发生相侮时,有时也可同时伴有相乘。

❋ 五行旺相

五行随着春、夏、秋、冬四季更替与各月的时令而呈现出旺衰强弱的状态,其程度通常用"旺、相、休、囚、死"五个等级来表示。比如,木旺于春,因木生火而使火在春季处于较旺的"相"的状态,木克土则土最弱;火旺于夏,火生土则土处于较旺的"相"的状态;土旺于四季末月,因土生金,故金处于较旺的"相"的状态;金旺于秋,金生水则水处于较旺的"相"的状态;水旺于冬,水又生木则木处于较旺的"相"的状态,因水克火而导致火在冬季最弱即"死"的状态。至于五行旺衰之道,笔者将在下文"四季与二十四节气"一节中具体阐述。

第二节 天 干

我国传统起名法离不开干支历,这就需要我们首先了解天干和地支。古《世本》说:"容成作历,大挠作甲子。"公元前239年前后,吕不韦主编《吕氏春秋·尊师》说"神农师悉诸,黄帝师大挠"。大挠,亦作"大桡",既是华夏人文始祖黄帝的老师,又是辅佐黄帝的大臣。东汉末年蔡邕《月令章句》说:"大挠采五行之情,占斗机所建也,始作甲乙以名日,谓之干;作子丑以名月,谓之支。"按字面意义来说,"干"的原始本义是树干,"支"的本义是树枝。两者关系自然是干为主,支为从。我国古代以天为主,以地为从,从而叫作天干和地支。蔡邕另一部史学著作《独断》曰:"干,干也。其名有十,亦曰十母,即今甲、乙、丙、丁、戊、己、庚、辛、壬、癸是也;支,枝也。其名十有二,亦曰十二子,即今子、丑、寅、卯、辰、巳、午、未、申、酉、戌、亥是也。"甲为十干之首,子为十二支之首,天干与地支次第相配,可配成甲子、乙丑、丙寅……癸亥共六十种,统称为"甲子",也称"六十花甲子"。隋代萧吉《五行大义》记载:"支干者,因五行而立之。昔轩辕之时,大挠之所制也……有事于天,则用日;有事于地,则用辰,阴阳之别,故有支干名也。而名有总别,先论总名,次言别号。总名支干者……总而言之,从甲至癸为阳,为干,为日。从寅至丑为阴,为支,为辰。别而言之,干则甲丙戊庚壬为阳,乙丁己辛癸为阴。支则寅辰午申戌子为阳,卯巳未酉亥丑为阴。"认为大挠用甲、乙、丙……癸命名日,用子、丑、寅……亥命名月,于是创作了"甲""乙""子""丑""干""支""干支"等名号,这些名号后来作为术语一直沿用。

六十甲子

1 甲子	2 乙丑	3 丙寅	4 丁卯	5 戊辰	6 己巳	7 庚午	8 辛未	9 壬申	10 癸酉
11 甲戌	12 乙亥	13 丙子	14 丁丑	15 戊寅	16 己卯	17 庚辰	18 辛巳	19 壬午	20 癸未
21 甲申	22 乙酉	23 丙戌	24 丁亥	25 戊子	26 己丑	27 庚寅	28 辛卯	29 壬辰	30 癸巳
31 甲午	32 乙未	33 丙申	34 丁酉	35 戊戌	36 己亥	37 庚子	38 辛丑	39 壬寅	40 癸卯
41 甲辰	42 乙巳	43 丙午	44 丁未	45 戊申	46 己酉	47 庚戌	48 辛亥	49 壬子	50 癸丑
51 甲寅	52 乙卯	53 丙辰	54 丁巳	55 戊午	56 己未	57 庚申	58 辛酉	59 壬戌	60 癸亥

本节着重讲述天干。天干是什么？我国古人将甲、乙、丙、丁、戊、己、庚、辛、壬、癸总称为天干，又称干、十干、十天干。天干的用处十分广泛，自古及今常用来排序、表示年月日时、描述宇宙万物发展的十大状态、代表五行、代表人体部位与器官等。

(1) 甲

"甲"字形演变：

甲骨文　金文　小篆　楷体

可见，"甲"是象形字，其小篆字形就像草木生芽后所戴的外皮或外壳裂开之形。东汉文字学家许慎《说文解字》："甲，东方之孟，阳气萌动。从木，戴孚甲之象。"孟，指开始、首位、第一。西汉史学家司马迁《史记·律书》曰："甲者，言万物剖符甲而出也。""甲"的本义是草木种子萌芽后所戴的种壳。

"甲"居十干之首，表示"首位""第一"，如"桂林山水甲天下"。

就天干与阴阳五行相配而言，"甲"属于阳木，这使其应用范畴更深广，比如，一个人出生的年、月、日、时天干里有"甲"，便知其生辰五行不缺"木"。关于十天干的阴阳五行属性，读者可参看本节最后的详细图示。

就天干与人体器官相配来讲，《说文解字》说："一曰人头宜为甲，甲象人头。""甲"代表人的头，代表胆。如果生辰五行甲木很弱，通过姓名加强木或者水，因水主智、水生木，这样对健康、智能发展有利。比如，某人出生于公历 2017 年 4 月 17 日 12 时 30 分，对应生辰八字（即出生年、月、日、时所对应的干支）为丁酉、甲辰、甲戌、庚午，日元（指出生日的天干，简称"日干"。由于日干在生辰八字中处于元首地位,故又称"日元"或"日主")甲木较弱,庚金克甲木不利,需要水来通关,起名补水对本人健康、学业更加有益。

木主仁,甲木还可能反映人的个性:甲木中和的人,天性仁慈善良,很有同情心,待人和气,正如元代散曲作家曾瑞《村居》所言:"人性善皆由天命,气清浊列等为贤圣。"甲木特别旺盛的人,个性倔强,仁而不义;甲木较弱的人,心太软,容易被人利用。"木主仁","知('知'通'智')者动,仁者静;知者乐,仁者寿"(《论语·雍也》),生辰八字中的日元甲木中和的人因内心宁静、仁慈厚德,故多寿,即长寿。中医讲"情志养生",人只有心平气和、内心宁静,才能保持体内环境的协调平衡,人体才能达到最佳的生理状态。比如,公历2017年4月17日0时40分,对应生辰八字为丁酉、甲辰、甲戌、甲子,日元甲木处于相对中和的状态,遵循木主仁、仁者静、仁者寿之理,可推知此人可能本性善良且能长寿。三国时期著名军事家、文学家诸葛亮在《诫子篇》中就指出:"夫君子之行,静以修身,俭以养德。"

天干可以单独用于纪年、纪月、纪日、纪时,也用来计数。"甲"用于纪年、纪月、纪日,此谓甲年、甲月、甲日。比如,《楚辞·九章·哀郢》有"甲之鼌("鼌"通"朝",早晨)吾以行",东汉著名文学家王逸注释:"以甲日之旦而行。"《宋书·礼志四》说:"周以甲日祭之,用日之始也。"此外,东汉许慎注《淮南子》"十,从甲至癸也",三国时期著名经学家王肃为《孔子家语》作注"日数十,从甲至癸也"。《黄帝内经》:"天有十日,日六竟而周甲,甲六复而终岁,三百六十五日法也。"意思是说:十天干经过十日为一循环,六个十日为一周甲(从甲子日到下一甲子日共有六个循环，正好60日，故名周甲），六个周甲为一整岁，即360日，这是一岁的大概天数，实际上，一岁为365日5小时48分46.08秒。在古人观念中，年和岁不同，一年不等于一岁，一岁是太阳围绕地球公转（实际上，今人已知地球围绕太阳公转）一周的时长，一年是月球绕地球一周为一个月而累积的12个月或13个月的时间长度。

六甲日，是中国干支纪日中天干为甲的六个日子，循环往复，因天干和地支的循环相配只有60组，所以用中国干支纪年、纪月、纪日、纪时，一年共循环六次，也就是说，一年有六个相同的六甲日，即甲子日、甲寅日、甲辰日、甲午日、甲申日、甲戌日。古人认为六甲日是上天创造万物的日子，也是妇女最易受孕的日子，因此人们用"身怀六甲"比喻妇女怀孕。明代进士万民英有"六甲日"与十二时辰相配的口诀："六甲日甲子时断"为"六甲日生甲子时，败中印绶官生至；月通木气不寻常，反此而言虚名利"；"六甲日乙丑时断"为"六甲日生时乙丑，劫财羊刃不宜有；柱中逢火带辛金，制伏和平贵亦久"；"六甲日丁卯时断"为"六甲日生时丁卯，伤官羊刃真当恼；纵然月气有扶持，未免为人性不好"；等等。

(2) 乙

"乙"字形演变：

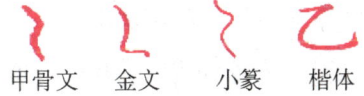

甲骨文　金文　小篆　楷体

"乙"也是象形字，本义是像植物屈曲生长的样子。《说文解字》曰："乙，象春草木冤曲而出，阴气尚彊，其出乙乙也。"又说："冤，屈也。""冤"的本义是屈缩、不舒展。"乙乙"形容费劲长出的样子或者挣脱束缚使劲长出的样子。司马迁《史记·律书》："乙者，言万物生轧轧也。""轧轧"形容不容易长进的样子。商代甲骨卜辞有"叀（音 zhuān）今日乙"，这说明距今3000 年前或更早的商朝官方已经采用天干纪日。"乙"居天干的第二位，代指"第二""次一等"，如乙等（第二等）、乙部（古代群书四部分类法的第二部）。

就天干与阴阳五行相配而言，"乙"属于阴木，比如，公历 2017 年 6 月 17 日 12 时 18 分出生于山东省济南市的人，对应生辰八字为丁酉、丙午、乙亥、壬午，此人先天日元五行就是乙木。根据《说文解字》"乙承甲，象人颈"，乙代表人的脖子。就五脏而言，乙代表肝脏。如果生辰八字里五行乙木特别旺盛，通过姓名加强土或者火对本人健康、事业发展更加有利。乙木也像甲木一样反映人的心性情况，木主仁，具有仁慈之心。"乙"用于纪年、纪月、纪日、纪时，就称为乙年、乙月、乙日、乙时。在中国干支纪年、纪月、纪日、纪时法中，六乙日指用天干"乙"纪日的六个日子。"六十花甲子"中只有六个天干为乙的日子，即乙丑日、乙亥日、乙酉日、乙未日、乙巳日、乙卯日，合称六乙日。六乙日的阴阳属性为阴，因地支不同，纳音各不同，所表示的意义更不相同。

"乙"字还可以用于起名，比如，商汤（其中的"商"字指朝代名，"汤"是其名）是商朝的创建者，姓子，名履、汤，又称天乙、大乙。甲骨卜辞有"王宾大乙彡""王自大乙至且乙兄"。大乙就是商汤的谥号或庙号。且乙，亦称祖乙（子姓，名滕，一作胜），是商王河亶甲之子、第十三任商王。大乙、且乙都是后世商王对前代商王追谥的名号。

(3) 丙

"丙"字形演变：

丙

甲骨文　金文　小篆　楷体

《说文解字》："丙，位南方，万物成炳然。阴气初起，阳气将亏。从一、人、冂。一者，阳也。丙承乙，象人肩。""一"为阳，为阳数、天数、阳气。古代以十干配五方，丙为南方之位，因以指南方，丙向就是南向，即朝南。东汉经学大师郑玄注《礼记·月令》曰："丙之言炳也，万物皆炳然著见。"是说万物都呈现光明且显然可见的状态。《康熙字典》："丙，《说文》南方之位也。南方属火，而丙丁适当其处，故有文明之象。"《广雅·释天》："丙刚丁柔。""丙"作为天干的第三位，与地支相配，用以纪年、纪月、纪日。例如，《礼记·月令》说"其日丙丁"，丙为阳火，丁为阴火，丙日、丁日就是火日。再举个例子，每年的入梅时间是芒种以后第一个天干为丙的日子，即芒种后逢第一个丙日为入梅日，如果芒种当天的天干为丙，则将该日定为入梅日。小暑后逢第一个未日为出梅日。明朝进士万民英用"六丙日"与十二时辰配合推断人的口诀，如"六丙日戊子时断——六丙日生时戊子，财官生旺遇食神。月气相扶为最贵，身衰无倚是常人"。读者如有兴趣，可以查阅六丙日其他时辰断诀。

(4) 丁

"丁"字形演变：

甲骨文　金文　小篆　楷体

"丁"字甲骨文"口""●"是殷商时期钉子的象形，字形是从上向下看的俯视的形象，不是"口"字，因商代是用木楔或竹签作钉子的。甲骨文"廿""𠙴""▱"才是今天的"口"字。"丁"字金文"●""●""●"像俯视所见的钉头之形，小篆

"个"像侧视的钉形。由此可知,"丁"属于象形字,本义是钉子,或者说"丁"是"钉"的古字。中国成语里有"丁是丁,卯是卯",形容做事认真,一丝不苟,但该成语的本义是某个钉子一定要安在相应的铆处,不能有差错。在殷商时期,"丁"字就被用于天干,表示顺序在第四、第四位,用来纪年、纪月、纪日。"丁"也用于起名,例如,沃丁是第五任商王,仲丁是第十任商王,祖丁、武丁、康丁、大丁都是仲丁之后的殷商王的名号。关于"丁"字,东汉许慎《说文解字》解释为:"丁:夏时万物皆丁实。象形。丁承丙,象人心。"意思是,"丁"是指夏季万物都壮实,为象形字;在十天干中,丁承续丙,象征人心。丁的五行属火,中医里有"火主心"。"丁"引申义为强健、强盛、壮实,如东汉王充《论衡》"齿落复生,身气丁强",后又进一步引申为能担当赋役的成年男子或从事某种劳动的人,如"壮丁""家丁""园丁"等。"丁"还是我国汉字笔画中最少的姓氏之一。因"丁"字篆文"个"与"个"字篆文"↑"非常相似,容易误作一字,所以民间流传有"目不识丁"的故事。《旧唐书·张弘靖传》记载,唐穆宗长庆年间,天下太平,边关无战事,幽州节度使张弘靖对将士们说:"今天下无事,汝辈挽得两石力弓,不如识一丁字。"宋代学者孔平仲在《续世说》中认为:"一丁字"应作"一个字"。

(5) 戊

"戊"字形演变:

甲骨文　金文　小篆　楷体

东汉经学家郑玄说:"戊之言茂也。"《康熙字典》:"戊,十干之中也,物皆茂盛也。"戊,在十天干中居于中央第五位,意思是万物茂盛。《礼记·月令》说"中央土,其日戊己"。中国商朝用天干单独纪日,用"戊"纪日,就叫戊日,比如商代甲骨卜辞有:"今日戊,王其田,不遭雨?兹允不雨。"意思是:在今天戊日,占卜了商王在其田野狩猎,会不会遭雨淋?这天果真没有下雨。

古代以十天干配五方与五行,戊居十干中位,因以指中央,五行属土。"土"的甲骨文"Ω"像地平线上高耸的立墩Ω的形状。有的甲骨文将立墩形象Ω简化成一竖丨,甲骨文"Ω"又写作"土"。《说文解字·土部》:"土,地之吐生物者也。'二'象地之下、地之中;丨,物出形也。"具体地讲,土,大地用以吐生万物的介质。上下两横的"二",像地之下、地之中,中间的一竖"丨",像植物从地面长出的样子。因此,所有与"土"相关的字,该字五行都属于土。汉末刘熙《释名·释地》:"土,吐也,能吐生万物也。"《周易·彖传》:"百谷草木丽乎土。""土"能使百谷草木茂盛华丽,有吐生万物的作用,具有稼穑、承载、吐生、容纳、茂丽的特性。凡具有此类特性的事物或现象,均可归属于五行土。例如,某宝宝出生公历 2017 年 8 月 22 日 11 时 19 分(农历丁酉年七月初一日午时),对应的生辰八字为丁酉、戊申、辛巳、甲午,出生年月用干支纪历法表示为丁酉年戊申月,丁的五行属火,戊的五行属土,先天五行不缺土,而缺水,金秋季节生人,日元金气太旺,五行缺水不利,起名补水则有利。

《说文解字》曰:"戊承丁,象人胁。"因为"戊"有容纳与吐生万物的"土"性,所以,戊又指代人的胃、鼻。例如,一个宝宝出生于公历 2017 年 8 月 19 日 5 时 38 分,对应的生辰八字为丁酉、戊申、戊寅、乙卯,代表本人的日元戊土在金秋季节申月不得时令，因为秋季是五行金旺盛的时令，所以称为金秋，金旺、火囚、土休、木有根气、缺水，休、囚都表示衰弱，火、土处于衰弱状态，这对健康成长不利，缺水没有妨害，起名需加强火、土。

(6) 己

"己"字形演变：

甲骨文　金文　小篆　楷体

"己"字的甲骨文、金文、小篆都是"弯曲而起"的形象，东汉经学家郑玄为《礼记·月令》作注说："己之言起也，其含秀者抑屈而起也。"因此，"己"具有"立起"的意思，后假借作"自己"用。"己"原为"纪"的古字，造字本义是：用细绳系缠、打结，用以记数、记事和记号，标示物品的归属、人名、国名等，例如，1972年在山东省莱阳市前河前村古墓出土的西周晚期铜汲壶上有铭文"己侯作铸壶，使小臣以汲，永宝用"，1983年在山东省寿光市纪侯台遗址出土了商代末期的"己侯钟"与西周中期的"己侯簋（音 guǐ）"，簋上铭文有"己侯作姜萦簋"，说明此簋是姜姓己侯为其女姜萦（荣）用青铜制作的陪嫁礼品。由此可知：青铜器上的金文"己侯"就是"纪侯"，是对古"纪国"的历代诸侯国君的通称。当"己"的"结绳记事"本义消失后，古人另造了"纪"字，表示"记载、纲纪、纪序、法纪、纪律、纪念、纪姓、纪传"等含义。东汉经学家、训诂学家刘熙《释名》说："己，纪也，皆有定形可纪识也。"《汉书·律历志》说"理纪于己"。隋代萧吉《五行大义·论支干名》曰："己者，纪也。物既始成，有条纪也。"

早在我国商代，"己"就作为天干用了，在十天干中居于中央第六位。《说文解字·己部》："己，中宫也，象万物辟藏诎（音 qū，弯曲之意）形也。己承戊，象人腹。"清代文字训诂学家段玉裁《说文解字注》："戊己皆中宫，故中央土。"天干"己"与阴阳五行、人体器官相配，才使其应用范围更加广泛，"己"属于阴，具有柔性，代表阴土，代表人的腹，代表人的脾。比如，公历 2016 年 12 月 23 日 18 时 43 分（农历丙申年十一月二十五日）出生的李姓女宝宝，生辰八字为丙申、庚子、己卯、癸酉，宝宝先天五行齐全，但是代表本人的日干己土在冬季大雪节后较弱，需要有土帮助，冬天还需要有火暖身，因此，起名加强五行火、土对本人更有利。

(7) 庚

"庚"字形演变：

甲骨文　金文　小篆　楷体

"庚"字甲骨文与金文就像一种立在地上能接收上天信息的神器，类似现代的通信基塔或者雷达，先民严格按照上天发出的刚劲旨意而行事，比如天地有四季更替，人也随之而更生，只有随时运改变自己，才能兴建事业。后来，"天人合一"成为中国古人不断追求的最高境界。"庚"字由篆文到篆文，出现了像高屋大厦覆盖的"广"（"广"）字形，这种演变仍然体现出"刚强""更替"以及"变革"的意象，因此东汉训诂学家刘熙《释名》说："庚，刚也，坚强貌也。"按照阴阳属性，庚属于阳，具有阳刚、刚劲、刚毅的特性。隋代萧吉《五行大义·论支干名》："庚者，更也。""庚"有使万物更化（即改旧换新)、变更(在外形、大小、尺寸、频率等某些方面变得不同,但通常实质不变)、更替的意思。"庚"居于天干的第七位,配五行为金。为什么庚属于金?因为金具有"从革"的特性,"革,改也",金属一般能被人为地改变外形,制成各种东西。按照万物与五行相配的内涵,凡具有此类特性的事物和现象均可归属于金,所以庚属于金。唐代著名经学家孔颖达说:"金可以从人改更,言其可为人用之意也。"金性虽然坚硬,但是人可以随自身用意而改变其形态。西汉皇族淮南王刘安及其门客编写的一部哲学著作《淮南子·天文》说:"庚、辛、申、酉,金也。"《说文解字》又说:"庚,位西方,象秋时万物庚庚有实也。庚承己,象人脐。"庚,在天干中代表西方,像秋天万物变得刚刚硬实的样子。在天干中,"庚"承接"己",代表人的肚脐,又代表大肠。

距今3000多年前,商朝人就已经用"庚"作为天干纪日了。例如,甲骨卜辞里有"庚辰卜,贞多鬼梦,惠见""庚辰贞,日又戠(音zhí,日食),其告于父丁,用牛九""庚午卜,丙(丙是商朝官方负责占卜的人名)贞:王勿作邑在兹,帝若(天神允许吗)?""庚申卜,㱿(担任卜官的人名)贞:作(作:造,为也)宾。庚申卜,㱿贞:勿作宾"。《周易·巽》说"先庚三日,后庚三日,吉"。东汉《白虎通义·姓名》曰:"殷以生日名子何?殷家质,故直以生日名子也。"商王武丁之所以名"丁",这是由于他生于丁日。武丁先后有三位正妻——妣戊、妣辛和妣癸,她们分别来自于"有戊""有辛""有癸"三个方国。妣辛生了一个儿子名叫祖庚,"庚"名源于他生在庚日。天干"庚"可以用来计数,引申义表示"年龄",如尊问对方的年龄多大,则问对方贵庚。同庚表示岁数相同。

庚日是干支纪日中带有"庚"字的日子,六庚日就是用干支相配纪日的六个庚日，即庚子日、庚寅日、庚辰日、庚午日、庚申日、庚戌日。今天，人们仍然使用庚日推算"三伏"，此"伏"表示阴气受阳气所迫藏伏地下之意。唐代开元年间的学者张守节在其《史记正义》中曾做过考证："六月三伏之节，起秦德公为之，故云初伏。伏者，隐伏避盛暑也。"《康熙字典》："伏，又三伏。《史记·秦本记》秦德公二年初伏。注：六月三伏之节，始自秦德公，周时无伏。《释名》：'伏者，金气伏藏之日也。'金畏火，故三伏皆庚。四气代谢，皆以相生。至立秋以金代火，故庚日必伏。"三伏离不开庚日。古人认为，庚，五行属金。金畏火，故三伏皆庚日。"长夏者，（农历）六月也"，转换成公历即在每年的7月7日至8月6日之间。"长（音zhǎng）夏"，又称"季夏"，中国古人以五行配春、夏、秋、冬四季，缺一，所以在夏季最后一个月份设置长夏来弥补，合乎五数。夏属火，火生土，故长夏属土。所以，三伏是长夏之节气，为小暑与处暑之间的一个小节气，是全年中天气最热、温度最高、湿度最大的阶段，分为初伏、中伏、末伏。这是因为，夏至以后昼长夜短，太阳在庚日接近直射赤道，每天吸热多、散热少，积累下来一天比一天热，大约再过20多天到了三伏，天气就最热了。三伏的具体日期是由节气的日期和干支纪日的日期相配合来推算的。我国推算三伏的传统方法是：以夏至后第三个庚日为初伏（亦称头伏）起始日，第四个庚日为中伏起始日，立秋后第一个庚日为末伏起始日。由于庚排在十天干的第7字，所以用天干纪日每隔10天就出现一个庚日，即两个庚日相差10天。通常，每伏有10天，每年三伏日长度是30天或40天，其中40天占大多数。2016年8月7日立秋，第一个庚日出现在8月16日，干支纪日是"庚午"，因此这一天是2016年三伏中的末伏，也是整个21

世纪 100 年中最迟到来的末伏，末伏长度是 8 月 16 日至 25 日，共 10 天。

(8) 辛

"辛"字形演变：

甲骨文　金文　小篆　楷体

从"辛"字的甲骨文" "" "和金文" "" "看，"辛"像一种尖锐的利器或刑刃之形，这利器或刑刃大概为殷商王贵族奉上天旨意而用的刑具，所以"辛"字是象形兼指事字。从造字原理上研究，"辛"与"幸"字归为一类，"幸"字的甲骨文" "" "像是锁颈的枷锁 与锁手脚的镣铐 连成一体的刑具，这正像失去自由的战俘、罪犯受"辛"刑一样。从"幸"字演变史可以体会到：先人造的"幸"字恰好是对不幸之事的描述与对摆脱痛苦的追求。"辛""幸"都有痛苦不幸的内涵。因此，东汉文字学家许慎《说文》解释"辛，辛痛即泣出，从一，从 （辛）。 ，皋（音 zui，同罪，从自从辛）也"，又解释"幸，所以惊人也，从 （人、大）从 ， 即辛，明确体现出"幸"是对罪犯施刑致其害怕的本义。泣，表示小声哭。惊，就是害怕、惊惧。《康熙字典》说："幸，吉而免凶也。"于是，人们赋予其"幸运""庆幸""幸福""幸存"的深意。

清代文字训诂学家段玉裁《说文解字注》："辛，金刚味辛，谓成孰之味也；辛痛即泣出，故以为艰辛字。""辛"有艰辛、辛酸、辛苦、辛劳、辛勤等引申义。

汉末刘熙《释名》曰："辛，新也。"西汉史学家司马迁《史记·律书》曰："辛者，言万物之新生，故曰辛。"后人又专门造

"新"字，使"辛""新"各有专用，各司其义。

"辛"在天干中居第八位，与地支相配，用以纪年、纪月、纪日、纪时。例如，商代甲骨卜辞记载"辛卯卜（辛卯日占卜），甲午拜禾上甲（商王，也称上甲微，姓子，名微，谥上甲），三牛，用"，《礼记·月令》有"其日庚、辛"，《诗经·小雅·十月之交》也有"朔月辛卯"。"辛"还当姓氏、人名用，如《史记·殷本纪》："帝乙长子曰微子启，启母贱，不得嗣。少子辛，辛母正后，辛为嗣。帝乙崩，子辛立，是谓帝辛，天下谓之纣。"帝乙的长子微子启由于其母地位低贱，而不能继承帝位。帝乙的小儿子叫辛，辛的母亲是帝乙的嫡妻（王后），故而辛作为嫡子被立为继承人，成为商朝最后一个帝王，史称帝辛，世人称殷纣王，"纣"是周人给他的谥号。帝辛的祖先第14任商王祖辛、第20任商王小辛、第25任商王廪辛（《竹书纪年》作冯辛）的名字都用"辛"字，这或许是他们都生于天干为辛的日子的缘故，用天干作人名是商代帝王的取名传统，象征天意地位高贵，因此商朝贵族从来都不用地支取名。商王武丁的配偶"妇好"的庙号叫"妣辛"。辛甲原是商纣王的大臣，屡谏纣王不听，去而至周，为周太史。

"辛"像一种尖锐的东西，有刺杀的功能，这种功能正是金的"从革"特性之一。唐朝经学家孔颖达注疏"金曰从革"说："金可以从人改更，言其可为人用之意也，可改更者，可销铸以为器也。"以此引申为"金"有改革、革新、制止、肃杀（严厉而有摧残力）等特性，凡具有此类特性的事物和现象，均可归属于"金"。《说文解字·金部》："金，从革不违，西方之行。"《白虎通义·五行》："金之为言，禁也。"论"辛"的"体"与"性"，"辛"与五行金相配。

《说文解字》："辛，秋时万物成而熟；金刚味辛；辛痛即泣出……辛承庚，象人股。""辛"属金，在中医理论中，肺配金，因此，"辛"代表人的股即大腿、肺，辛金主肺。通过看一个人的生辰八字，可以判断其先天五行是否缺金。比如，2017年3月25日（农历二月二十八日）12时13分出生的宝宝，对应的生辰八字为丁酉、癸卯、辛亥、甲午，先天五行（不计八字地支所藏天干五行）比例是2水、2木、2火、0土、2金，代表本人的日元五行辛金在农历二月即癸卯月不得时令，因为春季惊蛰后的癸卯月是木气旺盛的时令，2木与2水、2金相比，木最旺盛，金处于被"囚"的较弱状态，八字五行缺土显然不利，起名需要补土。

(9) 壬

"壬"字形演变：

| 甲骨文 | 金文 | 小篆 | 楷体 |

"壬"读作 rén。"壬"字的甲骨文、金文就像一种能承担祭祀天地重任的礼器，所以"壬"字属于象形兼指事之字。"壬"的甲骨文又写作"工""工""工"，"工"的甲骨文"工""工""工"，"壬"与"工"同源，上"一"代表天、阳，下"一"代表地、阴，中间"丨"表示上下贯通。因此，"壬""工"的古义都表示一个人聪明灵巧、上知天文、下晓地理、精通阴阳、担当重任，因这两个字用途分工不同，在商代甲骨卜辞中，"工"假借作"贡"字。

《说文解字》："壬，位北方也。阴极阳生……象人怀妊之形……壬承辛，象人胫。"在天干中，"壬"排第九位，表示北方，还表示阴气到达极点而阳气萌生，字形像妇女怀孕，"壬"

在天干"辛"的下一位,即第九位。"壬"有"挑担、承担"之意象,小腿是担任身体承重的一段下肢,因此"壬"像人的小腿。"壬"因像妇女怀妊之形,借喻为膀胱。

西汉著名史学家司马迁《史记·律书》:"壬之为言任也,言阳气任养万物于下也。"《汉书·律历志》:"怀妊于壬。"古人先造出"壬"字,后又造出从"人"的"任"字与从"女"的"妊"字,各有其义,以示区别。"壬"专用于天干,与五行"水"相配。就天干与人体器官而言,"壬"还代表人的膀胱、小腿。"任"表示"担当、挑担、胜任"等含义。"妊"专指怀孕、万物阴阳相交而孕育的意思。

"壬"作为天干,可以单独用于纪年、月、日,也可以与地支相配,用以纪年、月、日、时,如:甲骨卜辞有"壬申卜(壬申日占卜),令马即射",又如,从河南省新蔡县李桥镇葛陵村楚国平夜君墓出土的公元前340年左右(战国中期)竹简记录"夏之月己丑【之日】以君不(怿)之古(故),(就)祷陈宗一。壬(辰)之日祷之"。

(10) 癸

"癸"字形演变:

甲骨文　金文　小篆　楷体

"癸"读作 guǐ,"癸"字的甲骨文"✕""✕"、金文"✠""✕"都像交叉形的四角带有"丿"的器具,这种器具或是祖先用来测风的风车,或是用来取水的水车,不是像"戣(音 kuí)"之类的兵器,也不是像有四个握柄的夯地用具。"癸"的金文承续甲骨文字形。"癸"的隶书体"癸"将篆体"✽""✽"上部的像风车形"✽"写成"✓",将此篆体字下部的像风车形"✽"写成"大"（天），这是有渊源根据的，不是误造出来的字，因为"癸"之前身字形就像先民观察四季天空大气流动的风向标。当"癸"被作为天干专用名词后，我们的祖先又加"手（扌）"另造出了"揆"字，各表其义，各有其用。《广雅·释言》："癸，揆也。"揆（音 kuí）有推测、测度、揣测之义。《史记·律书》："癸之为言揆也，言万物可揆度（音 duó），故曰癸。"人们用天干"癸"观察推测事物。

从"癸"的甲骨文与金文的字形看，此字的原始字形跟八卦中的坎卦的卦形☵（根据安徽阜阳双古堆西汉汝阴侯墓出土竹简《周易》残存卦画，汉代初期坎卦画为☵）非常相似，该字的最早起源可追溯到距今 6000 年前的伏羲氏（又称包羲氏、包牺、太昊，是中华民族敬仰的人文始祖）始画的八卦之一的坎卦，这说明伏羲八卦是一些汉字的起源。坎卦在方位上代表北方、在五行上代表水，所以壬、子（甲骨文、金文）、癸三个干支方位都属于坎宫北方，五行都属于水。

东汉文字学家许慎《说文解字》曰："癸：冬时，水土平，可揆度也。象水从四方流入地中之形。癸承壬，象人足。""癸"在天干中居于第十位，用作纪年、纪月、纪日，时令代表冬，方位表示北，五行属于水，人体器官配足（脚），这使"癸"的应用领域更广。由此，通过看一个人的生辰八字，可以判断其五行缺不缺水。比如，公历 2016 年 12 月 27 日 16 时 33 分（农历丙申年十一月二十九日），山东省济南市赵先生喜添贵子，宝宝的生辰八字为丙申、庚子、癸未、庚申，先天五行（不含八字地支所藏天干五行）比例为：2 水、1 火、0 木、1 土、4 金，五行缺木。代表本人的日干癸水在冬季大雪节后十一月即子月得时令，因为子月是五行水气旺盛的月份，且有金生水，1 土很弱，无力克制水，冬天还需要有火暖身，因此，起名补木加强五行火对本人的健康、学业、事业更有利。

十天干还被赋予了阴阳五行属性，这使五行与时间、历法紧密地结合在了一起。因此，天干地支是《周易》研究过程中的重要内容和工具，被广泛应用于中医和各种预测法中。

天干属性表

天干	甲	乙	丙	丁	戊	己	庚	辛	壬	癸
阴阳	阳	阴	阳	阴	阳	阴	阳	阴	阳	阴
五行	木		火		土		金		水	
季节	春		夏		长夏		秋		冬	
方位	东		南		中		西		北	

第三节　地　支

在日常生活中，人们经常可以看到挂历上的干支纪年，比如2016年挂历上写着"农历丙申年"，2017年挂历上写着"农历丁酉年"。通过本书上节讲述，大家已经了解了天干知识，明白"丙申""丁酉"中的"丙""丁"是用来计序的两个天干，那么，"申""酉"是什么呢？在这里，"申""酉"二字代表纪年的地支。地支是什么？我国古人将子、丑、寅、卯、辰、巳、午、未、申、酉、戌、亥统称为地支，又叫十二地支，简称为支。

地支的应用领域跟天干一样广泛，可以用来计序、表示年月日时、代表五行、描述宇宙万物发展的十二种状态、代表人体部位与器官。

地支以自身固有的特性与阴阳五行相配，使地支有了更为深刻的内涵与实用价值。

地支可以表示年、月、日、时的次序，用来纪年、纪月、纪日、纪时。使用十二地支纪年已经老少皆知，"子鼠、丑牛、寅虎、卯兔、辰龙、巳蛇、午马、未羊、申猴、酉鸡、戌狗、亥猪"已是中国人家喻户晓的地支配生肖民谣，说的是：子年、丑年、寅年、卯年、辰年、巳年、午年、未年、申年、酉年、戌年、亥年分别对应鼠年、牛年、虎年、兔年、龙年、蛇年、马年、羊年、猴年、鸡年、狗年、猪年。2017年以干支纪年为丁酉年，酉年就是鸡年，这年出生的宝宝在属相上都属鸡。2018年是戊戌年，戌年即狗年，这年出生的人在属相上都属狗。

古人以十二地支纪月，即用十二地支配农历十二个月，寅月大约相当于农历一月，卯月则大约相当于农历二月，依次顺推，子月大约相当于农历十一月，丑月大约相当于农历十二月。地支纪月与农历月份相配的顺序是有理论依据的，比如，因为"子者，滋也"，农历十一月阳气发动、万物滋生，所以子月与十一月相配。《史记·律书》曰："寅言万物始生螾（音 yǐn，萌动）然也。"《释名》曰："寅，演也。"地支"寅"之义就是阳气萌动，衍生万物。一月即正月阳气欲出动，万物要萌发，所以用地支寅纪月与一月相配，于是正月建寅，以此类推，二月建卯、三月建辰……十一月建子、十二月建丑，但是农历一月、二月……十二月等各月的起止日跟寅月、卯月等各月的起止日不是一一对应的，因为地支纪月是以二十四节气中的立春、惊蛰、清明、立夏、芒种、小暑、立秋、白露、寒露、立冬、大雪、小寒这十二节气的起始日期为界的。古人在每个地支纪月前要加上特定的"建"字，称为月建，意思是农历每月所建置的地支，如杜甫《草堂即事》中有"荒村建子月，独树老夫家"之句，"建子月"

即"十一月建子",相当于农历十一月。再如,南北朝时期文学家庾信《哀江南赋》首句有"戊辰之年,建亥之月,大盗移国,金陵瓦解","建亥之月"即"十月建亥",相当于农历十月。

地支属性表

地支	子	丑	寅	卯	辰	巳	午	未	申	酉	戌	亥
阴阳	阳	阴	阳	阴	阳	阴	阳	阴	阳	阴	阳	阴
五行	水	土	木	木	土	火	火	土	金	金	土	水
方位	北	中	东	东	中	南	南	中	西	西	中	北
月份	十一月	腊月	正月	二月	三月	四月	五月	六月	七月	八月	九月	十月
四季	冬		春			夏			秋			冬

早在商代,人们就采用地支纪日。在出土的商代甲骨文里有用地支纪日的卜辞,比如:"申卜:今日亥不雨?"大意是:一位名叫申的人占卜:"今天亥日下不下雨?"又如:"乙丑日,内(贞):翌寅启?丙允启。"大意是:乙丑日占卜,一个叫内的卜师占问:"第二天(丙)寅日云开日出吗?"丙(寅)日果真云开日出。翌寅指乙丑日的下一天,即丙寅日,命辞的"寅"和验辞的"丙"都是指同一天丙寅日,只不过先用地支"寅"纪日,后用天干"丙"纪日。再如,《甲骨文合集》有卜辞"丁酉卜,㱿贞,杞侯炬弗其祸,有疾",这是商王武丁时期的卜辞,丁酉日这天占卜,一位名叫㱿的卜官算了一卦,灼龟现兆,预示杞国的君主杞侯没有祸事,有疾病。杞侯为夏后氏大禹的直系后裔,《世本·王侯》曰:"殷汤封夏后于杞,周又封之。"

地支还被用来纪时,即表示一昼夜的十二时辰,分别为子时、丑时、寅时、卯时、辰时、巳时、午时、未时、申时、酉时、戌时、亥时,子时对应现代的23—1时,丑时对应现代的1—3时,其余依此类推。关于地支纪时更为详细的内容,笔者将

在下一节具体阐述。

就地支代表人体部位与器官而言,有以下两则口诀供读者参考:

一

子属膀胱水道耳,丑为胞肚及脾乡。
寅胆发脉并两手,卯本十指内肝方。
辰土为皮肩胸类,巳面齿咽下尻肛。
午火精神司眼目,未土胃脘隔脊梁。
申金大肠经络肺,酉中精血小肠藏。
戌土命门腿还足,亥水为头及肾囊。

二

午头巳未两肩均,左右二膊是辰申。
卯酉双肋寅戌腿,丑亥属脚子为阴。
乾首坤腹坎耳俦,震足巽股艮手留。
兑口离目分八卦,凡看疾病此中求。

比如,公历2017年5月1日13时19分(丁酉年四月初六日),内蒙古赤峰市诞生一位宝宝,其生辰八字为丁酉(年)甲辰(月)戊子(日)己未(时),尽管八字五行齐全,但是土最旺,水最弱,幸亏有年支酉金生日支子水,"子属膀胱水道耳",起名加强水、金对本人非常有利。

第四节　干支关系

根据五行的生克、乘侮、旺相休囚死、寄生十二宫和干支的阴阳五行属性,干支之间形成了合、化、冲、害等关系。

❋ 相化

"相化"意思就是彼此化生,指十个天干两两相化,共有五种情况。化的前提是合，合才能化，所以化又视为"合化"或"化气"，民间把化合视为是象征吉祥。

天干相化 ｛ 甲己化土
乙庚化金
丙辛化水
丁壬化木
戊癸化火

❋ 六合与三合

"合"意思是匹配，十二地支有六合与三合两种情况。十二地支阴阳两两相合，共六组，即"六合"。地支六合常用于四柱中，即人的出生年、月、日、时中的天干地支的排列。如出生的年、月、日、时的地支中有子与丑，就是子与丑合，有寅与亥二支，就是寅与亥合，相合为合好之意。"三合"则是十二地支三个三个地合起来的意思，其中，三合局第一位是五行的长生，第二位是五行的帝旺，第三位则是墓，五行生、旺、墓俱全，故称为三合全局。

地支六合 ｛ 子丑合土
寅亥合木
卯戌合火
辰酉合金
巳申合水
午（太阳）与未（太阴）合土

地支三合 ｛ 申子辰合水
亥卯未合木
寅午戌合火
巳酉丑合金
辰戌丑未合土（即四库）

❋ 相冲

相冲实为对冲。在八卦图上可以看出，相冲的干支都是处在互对的位上。就五行来说，相冲的干支不是相克，就是相冲；就阴阳而言，都是阴阳不能配合。例如，甲与庚相冲，甲为木在东，庚为金在西；午与子相冲，午为火在南，子为水在北。

天干相冲
- 甲戊相冲　乙己相冲
- 丙庚相冲　丁辛相冲
- 戊壬相冲　己癸相冲
- 庚甲相冲　辛乙相冲
- 壬丙相冲　癸丁相冲

地支六冲
- 子午相冲　卯酉相冲
- 寅申相冲　巳亥相冲
- 辰戌相冲　丑未相冲

❋ 相害

相害即相互损害，以五行生克为基础，比如子丑相合，但未冲丑，未妨害子丑之合；未午相合，但子午相冲，子妨害了未午结合，所以子未相害。

地支相害
- 子未相害　丑午相害
- 寅巳相害　辰卯相害
- 申亥相害　酉戌相害

❋ 相刑

相刑是指地支之间互刑，刑即杀，也是一种五行相克的形式。

地支相刑
- 子刑卯，卯刑子，称为无礼之刑
- 寅刑巳，巳刑申，申刑寅，称为恃势之刑
- 丑刑未，未刑戌，戌刑丑，称为无恩之刑
- 辰刑辰，午刑午，酉刑酉，亥刑亥，称为自刑

第五节　十二时辰

今天，大家有手表、手机，一看就知道几点几分，而且使用的都是 24 小时计时制。在古代中国，没有钟表、手表的时候，人们怎样给一天纪时呢？在西汉武帝采用地支十二时辰纪时制之前，古人是采用观日象、观天色、观动物活动等方式纪时的。笔者通过对殷商卜辞的研究，发现当时还没有用天干地支来纪时的记录，但是商代甲骨卜辞零星地有一天不同时段的名称，笔者整理出殷商纪时系统，从早到晚的时间大体上分为七个时段：旦、大采、大食、日中、昃、小食、小采（相当于日暮、黄昏），还可将七个时段细分为十二时候：昕（音 xīn，太阳即将升起的时候）、昔（云层遮蔽太阳的时候）、东（太阳升起到树干中段的时候）、啓（音 qǐ，早晨一开门就下雨的时候）、旦（本义为太阳从地平线上升起来了，指早晨太阳刚刚升起时候）、昱、杲（音 gǎo，本义是日在树顶，太阳直射大地，指正午的时候）、昃（音 zè，太阳开始偏斜的时候）、杳（音 yǎo，本义是日落树木下，指傍晚）、昏（本义是太阳在西方地平线以下，已经看不见太阳了，正是天刚黑的时候）、冥（音 míng，天黑关门的时候）、晦（音 huì，进入昏暗不明的时候）。

春秋时期，古人靠凌晨公鸡啼鸣报时。《诗经·郑风·女曰鸡鸣》有诗句："女曰鸡鸣，士曰昧旦。子兴视夜，明星有烂。"这里，"鸡鸣"和"昧旦"是我国春秋时期常用的两个纪时时段。古人观天色授时，"昧旦"就是天将明未明的时候，"鸡鸣"更早些。兴，起。视夜，观察夜色。明星，是启明星或太白星，即金星。黎明前，金星出现在东方，称为启明星或明星。金星黄昏出现的时候，人们叫它"长庚星"，意思是长夜即将来临。有烂，犹"烂烂"，明亮。天快要亮的时候，众星隐蔽，唯独启明星显得很亮。这几句诗的意思是：女子说："鸡已打鸣了。"她委婉地催男子早起，但是男子回答很直白："天才亮一半。"他似乎确实很想睡，怕女子连声再催，便又说："你起来看看天色，启明星闪着亮光。"另外，《诗经·齐风·鸡鸣》："鸡既鸣矣，朝既盈矣。匪鸡则鸣，苍蝇之声。东方明矣，朝既昌矣。匪东方则明，月出之光。虫飞薨薨，甘与子同梦。会且归矣，无庶予子憎。"前几句诗大意是：女子对丈夫说："公鸡已经打鸣了，大殿里站满了上朝的人，快起床吧。"她的丈夫紧闭眼睛嘟囔："不是鸡叫，是苍蝇嗡嗡闹。"这首诗的对话生动地表现了小两口的生活趣事。再如，《史记·孟尝君列传》记载："孟尝君至关，关法：鸡鸣而出客。"关法，指的是函谷关规矩。

后来，为了生产、生活的方便，古人又发明了计时器具。"立竿见影"这个成语，相信大家耳熟能详，可是，你知道吗？早在3000多年前，我们的祖先就利用立竿见影的原理，发明了古老的土圭、圭表。"表"就是直立于平地上的标杆（木柱、石柱或铜柱），"圭"是测定"表"影长度的平放的刻板或铜尺。土圭是中国一种古老的天文器具，也是一种用来测量日影长短的器具。古人用土圭测日影、正四时

夏至致日图

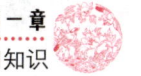

和测度土地。《周礼·地官·大司徒》："以土圭之法测土深，正日景（影），以求地中。"又《周礼·春官·典瑞》："土圭以致四时日月，封国则以土地。"

在土圭计时以后，古人又发明了专用测日影的计时器——晷仪。在功用方面，晷仪与圭表的主要区别是：圭表用来测量日影的长度，以定时间、分季节，求得全年的日数，推算历法；晷仪则用来观察日影以及通过测量日影的位置来指示当下的时刻。《汉书·律历志上》："乃定东西，立晷仪，下漏刻，以追二十八宿相距于四方，举终以定朔晦、分至，躔离（音 chán lí，指日月运行所经历的距离远近）弦望。"《隋书·天文上》："昔黄帝创观漏水，制器取则，以分昼夜。其后因以命官。"刻漏作为计时器具最早记载见于《周礼》，据《周礼》记载，挈壶氏是掌管刻漏的世袭官员，《周礼·夏官》说："挈壶氏掌挈壶以令军井。挈辔以令舍，挈畚以令粮。凡军事，县（悬）壶以序聚柝（音 tuò，古代报时用的梆子）。凡丧，县壶以代哭者，皆以水火守之分以日夜。""序聚柝"是说根据漏壶的标示按时敲木梆报时的意思。刻漏，俗称滴漏，也称"漏壶""漏刻"，是一种用铜制作的计时器具，以铜为壶，壶底穿一孔，壶内立一个带有刻度的箭形浮标，壶中水从小孔漏下去，刻度露出来，看箭上的度数而知其时刻。一昼夜分为 100 刻（刻是古代计时单位，1 刻等于现在的 14 分 24 秒），昼夜的刻数按季节有所不同：夏至，昼 65 刻，夜 35 刻；冬至，昼 45 刻，夜 55 刻；春分、秋分，昼 55.5 刻，夜 45.5 刻。白天报时用时牌，夜里报更则敲梆子。宫廷和民间都使用根据刻漏所发布的时间。以刻漏计时，从傍晚到次日清晨，分为五个时间节点，称为五更，即一更、二更、三更（即子时整）、四更、五更（相当于寅时正四刻）。一更关鼓闭城门，二更上床睡觉，三更半夜换日期,四更睡得最沉,五更天光开城门。如今,半夜三更、打更、更夫等概念已不再与我们的生活直接相关,但在史籍与大量的文学作品如《红楼梦》中,古计时名称仍然十分重要。明末清初,西方机械钟表传入中国,在采用十二时辰的同时,也兼用一天24小时的计时法。由于百刻制不能与十二个时辰整除,不好计算,又先后改为96刻、108刻和120刻。到了清代才正式规定一昼夜为96刻,每个时辰为8刻。

铜壶滴漏

十二时辰是中国古人根据日出日落的自然规律、天色变化的现象以及人们日常生活习惯归纳总结出来的地方时,将一昼夜分成十二时段,简称十二时。这十二时段的名称是自商代到汉代逐渐完善并约定俗成的,分别为:夜半、鸡鸣、平旦、日出、食时、隅(音yú)中、日中、日昳(音dié)、晡(音bū)时、日入、黄昏、人定。汉代通行的计时单位是时辰,一天分十二个时辰,比时辰小的计时单位是刻,一天分100刻。在汉武帝之孙刘贺海昏侯墓中,出土了一座我国最完整、最庞大的滴水计时工具——"水钟","水钟"的主要部件是当时最精确、最实用的校时器——刻漏,还出土了用青铜制作的当时最精致、最轻便的天文计时器——镜晷。青铜镜晷第一圈中间是柿叶纹,四片柿叶两两相对,平分四周,分别代表春、夏、秋、冬四季。第二圈内是两个相互错叠的正方形,构成八个等腰三角形。每个三角形的直角指向一个方向，即北、东北、东、东南、南、西南、西、西北，从而构成四面八方，这是用于定位的标志。第三圈内是十二个小圆点，这代表十二个时辰，也代表子、丑、寅、卯、辰、巳、午、未、申、酉、戌、亥十二地支。汉朝太初元年（公元前104年），汉武帝实行了新历法《太初历》，"其以一日分十二时，而以干支为纪"（赵翼《陔余丛考》卷34），汉朝官方正式采用以干支为纪的十二时制，于是开始用十二地支表示一天十二时辰——子时、丑时、寅时、卯时、辰时、巳时、午时、未时、申时、酉时、戌时、亥时，后人依据"五子建元歌"即"日干起时干口诀"，为每日各时辰配上天干。"五子建元歌"内容如下：

甲己还加甲，乙庚丙作初，
丙辛由戊起，丁壬庚子居，
戊癸何方发，壬子是真途。

根据这个口诀能很快推定出时辰的天干，比如"丙辛由戊起"这句的意思是：对于天干为丙、辛的丙日、辛日，其子时用干支表示为戊子时，丑时用干支表示为己丑时，寅时用干支表示为庚寅时，其余依此顺推。十二地支与十二时辰的对应关系是固定不变的，但是纪时的天干却是有规律地变换着的。

很多人喜欢看日出日落，登上泰山，爬上华山，还有的要到大海边、到大草原去看，为什么？由于各地的地势地形对人们观看日出日落的感受是有影响的，加上太阳光进入地球大气层后会发生折射现象，所以当太阳即将升上地平线时，人们已提前看到日光，也就是说，人们实际上感受的日出时间的起点比精算出来的太阳露出地平线的瞬间时刻要早，所以各地看到日出、日落的时间与真实的太阳升落时间不同。只有春分与秋分时，太阳直射赤道，处于同一经线的各地日出日落时刻相同，即地方时 6 时日出、18 时日落。为什么太阳直射点的当地时间为 12 时，但地方日出日落时间不一定是 6 时或 18 时？太阳直射点为 12 时，是指地方时的正午时刻，而日出日落时间要受到季节的影响。地球自转轴与黄道面（即地球围绕太阳公转的轨道平面）有约 23.5°的夹角，所以地球在围绕太阳公转时，太阳的直射点总是在变化，变化范围在南、北回归线之间，只有在春分、秋分时，太阳直射赤道，处于同一经线的各地日出日落时间才恰好是当地 6 时和 18 时，一旦太阳的直射点向赤道南北移动，虽然太阳的直射点在世界各地仍是当地时间 12 时（地方时），但日出日落时间就变化了，当太阳直射点向南回归线移动时，南半球白天变长，日出时间早于 6 时，日落时间晚于 18 时，而同期，北半球恰好相反。当太阳直射点在南回归线（南纬 23.5°）时，在南极圈整个地区，太阳终日不落，就出现极昼现象了。就节气而言，太阳直射南回归线这天，就是南半球的夏至、北半球的冬至，南半球的白天最长，日出时间最早，日落时间最晚，而在北半球，这一天在全年中日出时间最晚，日落时间最早。

因为各地方看到日出日落的时间不同，所以十二时辰属于地方时，不是标准时。通常，北京时间 3—5 时相当于寅时，5—7 时相当于卯时，7—9 时相当于辰时，9—11 时相当于巳时，11—13 时相当于午时，13—15 时相当于未时，15—17 时相当于申时，17—19 时相当于酉时，19—21 时相当于戌时，21—23 时相当于亥时，23—1 时相当于子时，1—3 时相当于丑时。如今用一天 24 小时制，每两个小时对应古代一个时辰。比如，我国新疆的日出日落时间就比北京、山东、广东等省市晚将近两个小时，相当于晚一个时辰。我国古人把当地太阳露出地平线之前、天刚蒙蒙亮

第一章
起名入门知识

的时段称"平旦",也就是我们现在所说的"黎明",这个时段用地支表示则为寅时。太阳一出来就是卯时了,故称"日出卯"。由此可知,古人观察"平旦寅""日出卯"的经验,并非如今科学计算的太阳升起时间,所以一些起名者以"真太阳时"确定时辰的说法并不可信。

对于中国传统历法而言,一天十二个时辰中有十一个时辰无须再细分,唯有子时还须进一步分清,因为子时很特殊,它既包含了过去一天的末尾,又包含了新一天的开始。子时又分为晚子时(也称夜子时、子初时、子阴时)与早子时(也称子正时、子阳时)两个时段,夜子时是属于昨日的子初(相当于 23 时 0 分 0 秒至 23 时 59 分 59 秒),早子时是属于今日的子正(相当于凌晨 0 时 0 分 0 秒至 0 时 59 分 59 秒)。汉初经学家伏生《尚书大传》言:"周……色尚赤,以夜半为朔。"朔,指朔日,即初一日。东汉史学家班固奉诏总结经学编成的《白虎通》也征引和重申了伏生之说。伏生所说的夜半正是子半,即今 24 小时中的 0 时,这是中国历法常识。目前,真正精通起名、八卦的人仍采用精准度较高的"早子时"及"晚子时"的说法。

甘肃敦煌莫高窟遗存书籍中有谆谆劝勉人的各种十二时歌谣,歌词分别以十二时辰的俗名及相对应的地支名起头。今摘录《敦煌歌辞总编》卷五《杂曲·定格联章》所收录的唐代伟大的现实主义诗人白居易的一首《十二时行孝文》如下:

十二时行孝文
唐·白居易

平旦寅,早起堂前参二亲。处分家中送浆水,莫教父母唤声频。
日出卯,立身之本须行孝。甘脆盘中莫使空,时时奉上知饥饱。
食时辰,居家治务最须勤。无事等闲莫外宿,归来劳费父娘嗔。

隅中巳，终孝之心不合二。竭力勤酬乳哺恩，自得名高上史记。
正南午，侍奉尊亲莫辞诉。回干就湿长成人，如今未合论辛苦。
日昳未，在家行孝兼行义。莫取妻言兄弟疏，却教父母流双泪。
晡时申，父母堂前莫动尘。纵有些些不称意，向前小语善咨闻。
日入酉，但愿父母得长寿。身如松柏色坚贞，莫学愚人多饮酒。
黄昏戌，下帘拂床早教毕。安置父母卧高堂，睡定然后抽身出。
人定亥，父母年高须保爱。但能行孝向尊亲，喜得扬名于后代。
夜半子，孝养父母存始终。百年恩爱暂时间，莫学愚人不欢喜。
鸡鸣丑，高楼大宅安得久。常劝父母发慈心，孝传题名终不朽。

　　诗中第一句的"平旦寅"，即十二时辰中的"平旦"，就指"寅时"，相当于现在的3—5时。第二句中的"菽水"，泛指粗茶淡饭，这里用来指对父母的奉养。

第六节　四季·二十四节气·五行旺衰

　　传统起名方法离不开生辰八字五行，四季与节气是衡量五行旺衰强弱的最重要的依据。

　　宋代王应麟《三字经》："曰春夏，曰秋冬，此四时，运不穷。"春、夏、秋、冬叫作四时，又称四季。一年中这四时季节不断变化，春去夏来，秋去冬来，如此循环往复，永不停止。

　　地球绕太阳公转过程中，地球的自转轴始终是倾斜的，并非垂直于它绕太阳公转的轨道平面，而是倾斜了23.5°，因此，太阳相对于地球自转轴角度的变化，使地球上各个地方接收到的太阳光照不一样，接收到的太阳的热量也不同，造成四季变化。

我国传统的四季划分是以二十四节气中的四立（立春、立夏、立秋、立冬）作为四季的起始点，以二分（春分、秋分）和二至（夏至、冬至）作为中点的。例如，春季以立春为起始点（太阳视运行到黄经315°），春分为中点（太阳视运行到黄经0°），立夏为终点（太阳视运行到黄经45°），太阳在黄道（黄道是地球绕太阳公转一周的轨道在天球上投影而成的轨迹，从地球上看，这个轨迹就是太阳周年视运行在天球上的轨迹）上运行了90°，这是我国传统常见的划分四季的方法之一。

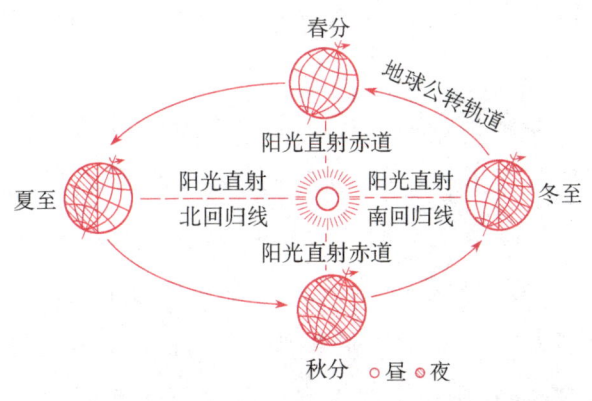

四季及昼夜变化成因示意图

二十四节气是古代中国人通过观察太阳周年视运动，认知一年中时令、气候、物候等方面变化规律所形成的时间知识体系，是中国传统历法体系及其相关实践活动的重要组成部分，它深深地影响着人们的思维方式和行为习惯。二十四节气是根据地球在绕太阳公转轨道上的位置划分的，这是我国独有的世代积累的科技成果，因此，在国际气象界，二十四节气被誉为中国的第五大发明。2016年11月30日，中国"二十四节气"被正式列入联合国教科文组织人类非物质文化遗产代表作名录。我国民间流传着一首《二十四节气歌》：

春雨惊春清谷天，夏满芒夏暑相连，
秋处露秋寒霜降，冬雪雪冬小大寒。

按照《二十四节气歌》顺序，单序数位者为"节气"，简称"节"；双序数位者为"中气"，简称"气"。也就是说，立春、惊蛰、清明、立夏、芒种、小暑、立秋、白露、寒露、立冬、大雪、小寒，称为"十二节"；雨水、春分、谷雨、小满、夏至、大暑、处暑、秋分、霜降、小雪、冬至、大寒，称为"十二气"。人们将"十二节"与"十二气"分配在一年各月里，这样每年有四时与二十四节气，每月含有两个节气，两个节气中"节"在前、"气"在后。

从公历（即阳历）看，二十四节气的起始时间每年大致固定：上半年各节气里的"节"在每月6日前后、"气"在每月21日前后；下半年各节气里的"节"在每月8日前后、"气"在每月23日前后，前后相差一两天。立春是二十四节气中的第一个节气，在很多人的印象中，通常阳历2月4日是立春的正日子，但2017年立春却在阳历2月3日。天文学家表示，2月3日立春很罕见，上次发生在1897年，距今120年，下一次会发生在2021年。随着我国现代天文科技的发展，各节气的起始时刻是以太阳在黄道上的某点（黄经度数）为标准计算出来的。比如，在天球上，太阳运行到黄经0°，此时刻称为春分点，也是我国春季的中点。春分日指春分这一天，就是每年阳历3月20日或者21日。"春分"的含义，一是平分昼夜，各为12小时；二是平分春季，我国传统从立春至立夏为春季，春分正处于春季三个月的中间。每年阳历2月3日、4日或5日是立春日，太阳自西向东公转到黄经315°的时刻就是立春时间，按照我国传统划分四季的习惯,自此时开始,进入春季。从立春日这天到立夏日前一天,都被称为春天。

从农历看,各节气的日期却不固定。我国农历一年中有时会出现两次立春,此谓"一年两头春"。例如,2017年有两个立春日,即正月初七(公历2017年2月3日)和腊月十九(公历2018年2月4日)。"一年两头春"现象每隔数年便会出现一次,上一次出现在农历2014年,再下次则要等到农历2020年。这是因为,农历一年有十二个月,通常每月包含一个"节"与一个"气",一节与一气的天数平均约为30.4天,故约累计34个月,必遇有两月会出现仅有"节"而无"气"及有"气"无"节"的现象。有"节"无"气"之月设置为农历的闰月,有"气"无"节"之月则不设置闰月。这也是节气与农历月份的特殊关系。

从干支纪年与纪月角度讲,立春是新的一年的开始,是我国的传统正月节,是地支纪月中寅月的起点。元代吴澄《月令七十二候集解》:"立春,正月节。立,建始也,五行之气,往者过,来者续。于此而春木之气始至,故谓之立也。"用干支纪年与纪月离不开二十四节气中的"十二节",因为"十二节"即立春、惊蛰、清明、立夏、芒种、小暑、立秋、白露、寒露、立冬、大雪、小寒是划分干支年、干支月的关键时间点。人们给宝宝起吉祥名,就要先排生辰八字即出生"四柱",排"四柱"的关键环节是先查出宝宝出生当月"节气"的具体起始时间。比如,公历2018年2月4日5时28分是立春开始的时间,公历2018年2月4日凌晨3时39分出生的宝宝对应的生辰八字为丁酉年癸丑月丁卯日壬寅时,而公历2018年2月4日16时28分出生的宝宝对应的生辰八字就为戊戌年甲寅月丁卯日戊申时。因为中国传统的干支历法规则是：干支纪年与纪月既不以农历每月初一为起点，也不以公历1月1日即元旦为起点，而是以立春交节时刻作为干支纪年的起始点，干支纪月是以二十四节气中的"十二节"开始的时间为各月的起始点。这是因为，农历一年十二个月（闰年有十三个月）中每月以初一日为月首、以二十九日或三十日为月尾；公历一年十二个月中，除了2月只有28天或29天外，各月都以1日为月首、以30日或31日为月尾；而干支纪月的各月地支即月支（又称月建）是固定不变的，从立春日至惊蛰日为寅月，从惊蛰日至清明日为卯月，从清明日至立夏日为辰月，巳月、午月、未月、申月、酉月、戌月、亥月、子月起止时间可依此顺推，直到小寒日至立春日为丑月，共计十二个月，且没有闰月、闰日，所以用干支系统纪月时，每月的月首即各月的起点就不能以公历1日或农历初一为起点，这也是农历闰月不必用独立的干支纪月的原因。由于二十四节气的时间起讫不同，因此以节气划分的干支纪年、纪月的起止时间与农历、公历的年、月起止时间完全不重合。

我们每年都能感受到四季的交替，每年都能欣赏到春季的生机勃勃、夏季的骄阳似火、秋季的金色硕果、冬季的白雪茫茫。在欣赏四季不同的美景感受冷暖差别的同时，你有没有考虑过四季的变化与五行旺衰紧密相关呢？

四季是衡量五行旺衰的重要时节。例如，春季是万物生发、木气得时令的季节，故木气最旺盛；冬季是水气得时令的季节，故水最旺盛，正如唐代著名诗人韩愈《咏雪赠张籍》诗中所写："水官夸杰黠，木气怯胚胎。"古人以四季配五行，冬为水，春为木。"水官"既指水神，又指水气。杰（通"桀"）黠（音xiá）本义指凶猛而狡诈，这里引申为威猛亢盛。冬季下雪是水气威猛旺盛之时节。木气是五气之一。因春季是木气旺盛之时节，故木气又代指春气。"怯胚胎"指冬季木气无以发生。《汉书·天文志》说："岁星曰东方春木，于人五常仁也，五事貌也。仁亏貌失，逆春令，伤木气。"

五行随着四季的更替而呈现出旺衰强弱的状态，通常用"旺、相、休、囚、死"五个等级来表示。第一等级"旺"的状态就是最旺盛的状态，第二等级"相"的状态就是比较旺盛的状态，中间等级"休"的状态在理论上是不旺也不衰的状态，第四等级"囚"的状态就是很弱的状态，第五等级"死"的状态就是最衰弱的状态。

五行的旺衰变化是一个循环不已的历程，其规律如下表所示：

五行四时旺衰表

季节 \ 五行状态	木	火	土	金	水
春	旺	相	死	囚	休
夏	休	旺	相	死	囚
秋	死	囚	休	旺	相
冬	相	死	囚	休	旺
四季末	囚	休	旺	相	死

比如，五行金在秋季处于"旺"气状态；因金生水而使水在秋季处于较旺的"相"气状态，因为秋季旺金克木，所以秋季木最弱，处于"死"气状态；秋季，火克旺金，火气因力不从心而克制不住金，于是火处于较弱的"囚"气的状态；因旺金不需要土来生，故秋季土处于"休"气的状态。

根据二十四节气中的十二节气对应的十二月令可以判断天干

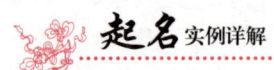

五行的旺衰，这是分析生辰八字五行与起名的一个关键环节。五行在用地支纪月的一年十二个月中要经历十二个发展过程，分别处于十二种不同状态，即长生、沐浴、冠带、临官、帝旺、衰、病、死、墓（当天干五行旺时，墓又叫库，弱则为墓）、绝、胎、养，这叫作"五行寄生十二宫"，它反映了天干五行十二月令长生变化的规律。

五行寄生十二宫

十二宫	甲木	丙火	戊土	庚金	壬水	乙木	丁火	己土	辛金	癸水
长生	亥	寅	寅	巳	申	午	酉	酉	子	卯
沐浴	子	卯	卯	午	酉	巳	申	申	亥	寅
冠带	丑	辰	辰	未	戌	辰	未	未	戌	丑
临官	寅	巳	巳	申	亥	卯	午	午	酉	子
帝旺	卯	午	午	酉	子	寅	巳	巳	申	亥
衰	辰	未	未	戌	丑	丑	辰	辰	未	戌
病	巳	申	申	亥	寅	子	卯	卯	午	酉
死	午	酉	酉	子	卯	亥	寅	寅	巳	申
墓	未	戌	戌	丑	辰	戌	丑	丑	辰	未
绝	申	亥	亥	寅	巳	酉	子	子	卯	午
胎	酉	子	子	卯	午	申	亥	亥	寅	巳
养	戌	丑	丑	辰	未	未	戌	戌	丑	辰

需要说明的是，上表中的天干可以指出生日的天干即日干，也可以指大运的天干即运干。月令地支指农历十二个月分别对应的地支，即月建。如前所述，一年中的子月、丑月、寅月、卯月、辰月、巳月、午月、未月、申月、酉月、戌月、亥月是以二十四节气中的十二节气起止时间划分的。

简要说来，五行十二宫的含义如下：

第一章 起名入门知识

长生：万物出生渐长的状态，犹如婴儿逐渐生长的状态；

沐浴：又曰"败"，以万物始生，形体柔脆易损，如人生后三日以沐浴之；

冠带：万物长得茂盛的状态，犹如人自主穿衣戴帽；

临官：万物处于秀实（开花结果）的状态，好像人成年可以为官了；

帝旺：万物成熟到最旺的状态，好像人的体力、智力都到达最旺盛的状态了；

衰：万物由盛极转衰的状态，如人之气衰也；

病：万物由衰败而生病的状态；

死：万物由病而死的状态；

墓（库）：万物死后被埋葬入墓的状态，或万物因成熟而被收藏入库的状态；

绝：万物处于气息中止的状态，犹如人半途停止一样；

胎：阴阳之气交结而成胎的状态，如人之怀胎；

养：万物处于滋养、养育的状态，好像胎儿在母腹得到滋养一样。

起名时，只知道生辰八字即四柱的五行个数比例还不够，必须根据日元五行的旺衰强弱，按照抑强扶弱、缺补有别的原则，才能处理起名时是否弥补所缺的五行的问题。

第七节　干支纪历·四柱

起名离不开干支纪历，如果不懂干支历法知识或知之甚少，往往难以掌握四柱的准确排列技能，也难以胜任运用五行起名的工作。

干支是天干、地支的简称,作为一套符号体系在我国从古至今被广泛应用,主要用于纪时和记录方位,也就主要是时间和空间的符号。

十天干和十二地支所组成的六十甲子用于纪年、纪月、纪日、纪时,具有悠久的历史。传说,天皇氏(中国上古传说中的氏族)十三兄弟(一说十二兄弟)商量制定了天干地支的历法,用以定岁时节候。如前所述,距今 3000 年前或更早的商朝官方已经采用干支纪日,殷商甲骨文里有大量干支纪日的卜辞。这里再举一例:"癸巳卜,㱿贞:'旬亡咎?'王固曰:'有祟!其有来艰。'迄至五日丁酉,允有来艰自西,沚馘告曰:'土方征于我东鄙,□(注:此处卜辞残破缺损,疑为"烖")二邑;邛方亦牧我西鄙田。'"此卜辞大意是:癸巳日这天预测占卜,一位名叫㱿的商王的重臣卜问:"下旬十天内没有灾祸罢?"商王亲自察看龟甲的兆象说:"有鬼神为祸!将要有灾难来临。"到了第五天丁酉日,果真有灾难自西方而来,沚馘告状说:"土方侵伐我方东境,攻陷二城邑;邛方同时侵掠我方西面直辖区域的田产。"卜辞记事首尾完整,事件跌宕起伏,对研究商代边境战争具有重要的史料价值。

关于干支纪年、纪月、纪日、纪时的知识,本书在前面几节已有较多阐述,这里再总结如下:

干支纪年是由十天干和十二地支组合而成的以六十甲子来表示年岁的一种传统纪年法。干支纪年六十年一循环,周而复始。通过干支纪年的地支,我们能够非常容易地判定人的属相,比如 2017 年是丁酉年,酉年即鸡年,这年出生的人属鸡。史书记载干支纪年始于东汉建武三十年(54 年)即甲寅年,但至今也已使用了两千多年。如前所述,应当注意的是,采用干支纪年,每年的第一天并不是正月初一，而是立春日。也就是说，干支纪年的一年长度是从当年的立春日到次年立春日的前一天。例如：公历 2017 年 2 月 3 日（正月初七）是立春日，此日之前年干支为乙未，自此日开始直到公历 2018 年 2 月 3 日（腊月十九日），年干支是丙申，2018 年 2 月 4 日立春后的年干支为丁酉。

干支纪月，以二十四节气中的立春、惊蛰、清明、立夏、芒种、小暑、立秋、白露、寒露、立冬、大雪、小寒等"十二节"开始的时间为起点，不以公历 1 月 1 日或农历正月初一为起点。地支纪月规则是每年从寅月开始，一年中的十二个月与十二地支依次对应，这样每月的地支是固定不变的，即从立春日至惊蛰前一日为寅月，从惊蛰日至清明前一日为卯月，从清明日至立夏前一日为辰月，依次类推，从小寒日至立春前一日为丑月。纪月的地支（简称月支）再与天干相配，组成干支纪月。年干起月干的方法很多，"五虎建元歌"是民间广泛应用的简便口诀：

甲己之年丙作首，乙庚之岁戊为头；
丙辛之岁从庚算，丁壬壬寅正月求；
戊癸甲寅建正月，十干年月顺行流。

我们以首句"甲己之年丙作首"为例讲解口诀用法，这句话说的是：对于天干为甲或己的甲年或己年，其第一个月即寅月与天干丙相配，用干支表示为丙寅月，据此依次顺推：第二个月为丁卯月，第三个月为戊辰月，第四个月为己巳月……第十二个月为丁丑月。

干支纪月查询表

月份 年干	正	二	三	四	五	六	七	八	九	十	十一	十二
甲、己	丙寅	丁卯	戊辰	己巳	庚午	辛未	壬申	癸酉	甲戌	乙亥	丙子	丁丑
乙、庚	戊寅	己卯	庚辰	辛巳	壬午	癸未	甲申	乙酉	丙戌	丁亥	戊子	己丑
丙、辛	庚寅	辛卯	壬辰	癸巳	甲午	乙未	丙申	丁酉	戊戌	己亥	庚子	辛丑
丁、壬	壬寅	癸卯	甲辰	乙巳	丙午	丁未	戊申	己酉	庚戌	辛亥	壬子	癸丑
戊、癸	甲寅	乙卯	丙辰	丁巳	戊午	己未	庚申	辛酉	壬戌	癸亥	甲子	乙丑

干支纪日是用天干与地支组合成的六十甲子来表示每一天。现在，人们在日常生活中多使用公历日期，不过，我们可以通过一定的方法把公历日期换算为干支纪日。换算公式为：{（公元年数－1）×5＋［（公元年数－1）÷4］的商数＋1月1日至该日的天数}÷60＝商数……余数。该余数除以10，所得余数为天干序数，余数0对应序数10的天干癸，其余依次类推；该余数除以12，所得余数为地支序数，余数0对应序数12的地支亥，其余依次类推。需要注意的是：①公元年数以公历年为准；②（公元年数－1）÷4这部分只取商数，放弃余数；③此公式只适用于推算1901年至今的日干支，如果要推算1801年1月至1900年12月的日干支，则应在得出的干支序数基础上加1。读者还可以直接通过万年历查找日干支，即"排日柱"，这对于根据四季节气分析日干五行的旺衰是很关键的一个环节。

干支纪时，纪时辰的天干称为时干，纪时辰的地支称为时支。古人把一昼夜分为十二个时段，用十二地支记录为：子时、丑时、寅时、卯时、辰时、巳时、午时、未时、申时、酉时、戌时、亥时，每个时辰相等于现在的2个小时。十二地支与十二时辰的对应关系是固定不变的，但是纪时的天干却是变动的。

根据前述民间流传的"五子建元歌"口诀,能很快推出时辰的天干。

干支纪时查询表

时\干支\日天干	23时至1时前	1时至3时前	3时至5时前	5时至7时前	7时至9时前	9时至11时前	11时至13时前	13时至15时前	15时至17时前	17时至19时前	19时至21时前	21时至23时前
甲、己	甲子	乙丑	丙寅	丁卯	戊辰	己巳	庚午	辛未	壬申	癸酉	甲戌	乙亥
乙、庚	丙子	丁丑	戊寅	己卯	庚辰	辛巳	壬午	癸未	甲申	乙酉	丙戌	丁亥
丙、辛	戊子	己丑	庚寅	辛卯	壬辰	癸巳	甲午	乙未	丙申	丁酉	戊戌	己亥
丁、壬	庚子	辛丑	壬寅	癸卯	甲辰	乙巳	丙午	丁未	戊申	己酉	庚戌	辛亥
戊、癸	壬子	癸丑	甲寅	乙卯	丙辰	丁巳	戊午	己未	庚申	辛酉	壬戌	癸亥
	23时子初,0时子正	1时丑初,2时丑正	3时寅初,4时寅正	5时卯初,6时卯正	7时辰初,8时辰正	9时巳初,10时巳正	11时午初,12时午正	13时未初,14时未正	15时申初,16时申正	17时酉初,18时酉正	19时戌初,20时戌正	21时亥初,22时亥正
古俗称	夜半	鸡鸣	平旦	日出	食时	隅中	日中	日昳	哺食	日入	黄昏	人定

注:1时、3时、5时、7时、9时……终止时间均指截至这一钟点前的59分59秒,如3时至5时,即指2时59分60秒至4时59分59秒这段时间。

如果一时尚未掌握干支纪历法,对于2015—2035年出生者的年、月、日、时干支及其五行,读者可以通过《起名万年历》一查便知。

著名科学家、"两弹一星元勋"王淦昌院士高度评价了干支的意义,他在为著名地球物理学家、中国科学院院士翁文波、张清合著的《天干地支纪历与预测》一书作的"序"中说:"天干地支纪历是我们祖先对人类文化宝库的重大贡献之一。"翁文波认为干支60周期"并不是人们主观随意想象出来的,而是我们的祖先在长期的生产活动中对天体运行现象进行观测、计算而获得的符合客观规律的科学知识"。笔者认为，干支纪历对人们的思维方式和行为影响深远。

按照中国传统干支纪历法，每一个人出生的年、月、日、时可用四对竖立的干支来表示，这就是"四柱"，即年干支为年柱、月干支为月柱、日干支为日柱、时辰干支为时柱。因四柱共有八个字，故俗称"生辰八字"。举个例子吧，山东省威海市一位宝宝诞生于公历2017年9月6日19时23分（农历丁酉年七月十六日戌时），其对应的四柱如下：

丁　戊　丙　戊
酉　申　申　戌

根据如前所述干支与五行对应关系可知：丁酉年之年干"丁"属于五行火，年支"酉"的五行属金、生肖属鸡；戊申月之月干"戊"属于五行土，月支"申"属于金；丙申日之日干"丙"属于火，日支"申"属于金；戊戌时之时干"戊"属土，时支"戌"属土。因此，宝宝生辰八字对应的五行个数是3金、2火、3土、0水、0木，先天五行不全，缺水与木。接着根据"五行四季旺衰变化表"与"天干五行十二月令长生变化表"判断五行旺衰，代表本人的日元丙火在农历七月即申月不得时令，因为立秋后的申月是五行金旺盛的月份，五行土在秋季处于"休"的状态，3金与3土相比，3金最旺盛了。五行火在秋季处于"囚"的状态，又，丙火在申月处于"病"态，因此2火比较弱。根据《周易》阴阳五行原理，八字五行以日元五行平衡为佳，丙火需要木，而不需要水，起名补木加强火对本人各方面都有利。

结合四季二十四节气，我们可以进一步理解用干支纪时系统构建的四柱的内涵。四柱不仅具有表示一个人的出生时间的功能，而且能比较准确地反映出一个人的生老、强弱、起落、兴衰变化的人生节律与出生时的四季节令、日夜时辰的自然能量的大小。四柱、时令一变，人生、万物、五行就跟着变了，正如北宋著名宰相吕蒙正的励志名言："君子失时，拱手于小人之下。时运未通，只宜守分安贫。相格无破，必有成名之日。天不得时，日月无光。地不得时，万物不生。水不得时，风波不作。人不得时，运限不通……此乃时也、命也、运也。"被西汉史学家司马迁列为"群经之首"和"大道之源"的《周易》特别重视"时"，强调对"时"要有所知，因为"时"是宇宙人生万物发展所不可缺少的要素，无论自然还是人类社会，都是在"时"之背景、"时"之条件下的运动变化、生老病死、兴衰成败。《周易·艮卦·象传》："时止则止，时行则行，动静不失其时，其道光明。"这句话的大意是说：依时间、时令而止，该静止就静止，待时而动；依时间、时令而行，与时偕行，该行动就行动，静止或行动不失去它的时机，前途才会一片光明。既然一切都在时间之中，谁都无法游离于时间之外，那么人要想在时间之流中有所进取，就必须顺时而动。顺时而动，必获吉利，逆时而动将导致灾难，人的主体行为是否正当，并不完全决定于主体行为本身，而主要决定于是否适应时间、空间环境的需要。因此，"时行"之"时"，不仅仅是指年、月、日、时，而是跟此年、月、日、时相关的及与主体相关的一切因缘的总和，这就是人们通常所谓的"时机"一词的真正含义。那么，如何把握"时"呢？《周易》认为，要想很好地把握时，就要多在"知几"上下功夫。"几"是什么呢？几，就是几微，指人或事物发生变化的细微迹象，通俗一点说，就是人生、事物发展变化的微妙苗头、先兆。"知几"就能比较准确地预知人生万物兴衰成败的变化，就算得上料事如神了。所以，《周易·系辞下传》指出："知几其神乎！……几者，动之微，吉之先见者也。君子见几而作，不俟终日。"人若有"见几而作"的功夫，能够见微知著，守时待变，因时变革，就能够成就大事业。

第二章 宝宝起名方法与实例

第一节　宝宝起名方法

美国心理大师说名字影响人生中的重要决定，名字与自我行为决策之间有惊人的连接，更影响人生中重要的决定。2016年3月28日凤凰网资讯转发新华网一篇文章称："美国研究发现名字或影响寿命。一个好的名字可以帮你延长寿命，这听起来似乎像是街头算命者的说法，但美国一项最新研究显示，在该国，某些特定情况下名字确实可能会对寿命产生影响。美国密歇根州立大学等机构研究人员近日在《美国统计索引》上报告说，他们分析了1802年到1970年间去世的300万名美国人的资料，结果发现，那些取了有特色名字如'摩西'的黑人男子，与其他黑人男子相比平均寿命要多出约1岁。"

可见，起名很重要，名字的价值与作用并不能用"符号""称号"简单地概括。姓名既承载着本人的人生信息，又能蕴含本人的人生价值，因此，姓名不只是识别人的一个简单符号，在姓名中隐含着不容忽视的信息能量，正能量对人起着潜移默化的积极作用，负能量对人起着日积月累的消极诱导作用。好名字能全面提高本人的生活动力和品质，使本人更有信心和勇气去实现理想。欠佳的名字反之。以下详细讲解诸种起名方法，以便读者学习起名。

❋ 十二生肖起名法

有读者请教笔者：经常听人说"属兔的孩子的名字不适合用带竖心旁'忄'的字，比如这个'恬'字，属兔的人遇'忄'会有失落感"，这种说法有道理吗？生肖与人的名字有关系吗？下面我们就来解开这个谜。

十二生肖是用来记人出生年的十二种动物，即鼠（子）、牛（丑）、虎（寅）、兔（卯）、龙（辰）、蛇（巳）、马（午）、羊（未）、猴（申）、鸡（酉）、狗（戌）、猪（亥），实质上是生肖纪年标志，因为中国人在传统上用十二生肖纪年，每一年都有某一生肖与之对应。古人认为，生肖能反映当年出生人的某些群体习性与共同性格特征，相同生肖的人还有个性特征。比如，2008年用干支纪年是戊子年，也就是鼠年，所有这年出生的人都属鼠，过12年后，2020年出生的人也都属鼠，2008年与2020年出生的人都具有性急、多疑、好动、胆小警觉的特点，但2008年是戊子土鼠年，"子（鼠）"与天干"戊"之阳土组合在一起，因五行土的厚德载物、稳重大气、诚实守信，便弱化了2008年属鼠人的急性子，使2008年属鼠的人多了稳重诚信的性情特征；而2020年是庚子金鼠年，"子"与天干"庚"之阳金配合在一起，由于五行金的刚强和正义，使2020年属鼠的人具有正义、刚强的个性。又如，2016年是丙申年，2028年是戊申年，这两年都是猴年，出生的人都属猴，有一些共同的性格特征：外向、幽默、机智、活泼，手脚灵活，行动敏捷，精力旺盛，独占欲强。但丙申年属猴的人又具有"丙"之"阳火"的激动、热情个性，戊申年属猴的人具有"戊土"的厚道、稳重、诚信特征，而且由于猴年出生者的父母遗传、文化层次高低、出生的地理环境及方位等客观因素不同，每个人的个性特征也有差异。所以，生肖与人的性格、习惯有些关联性，但跟起名并不必然相关。

联想十二生肖"宜忌"来给宝宝取名，却是不懂生辰八字五行者惯用的简单取名方法，例如，十二生肖起名法认为狗与虎都爱啃骨头、吃肉，所以给属狗的人或者属虎的人起名宜用带有

第二章
宝宝起名方法与实例

"骨""月"等偏旁的汉字,但其实这类汉字用于起名其实属于生僻字,除了古代著名军事家孙膑(膑,本义是膝盖骨,同"髌")外,史料记载中就没有见到其他带"骨"或"月"字旁的人名。根据山东孙氏族谱记载,孙膑原名孙伯灵,只因遭庞涓陷害被处以髌刑(剔去膝盖骨的酷刑),所以后人就称他为孙膑,真名反而没几人知道了。

十二生肖起名法是一种低层次的起名方法。如今一些网络媒体星座频道或其他平台"请"出一些"大师",大讲特讲生肖运程、生肖起名,实际只能满足观众的文化娱乐需求。举例来讲,"大师"们说龙与日、月、星辰、祥云为伴,所以龙年出生的宝宝起名宜用带"日""月""星""云""辰""水""马"等偏旁的汉字,比如辰、振、农、星、添、法、求、江、瀚、永、沈、瀑、涵、注、泰、潮、泉、滢、淋、清、汤、汪、淳、海、沛、涣、凑、泳、洁、济、渝、晨、云、霖、宸、浓、霈、腾、驰等汉字,并美其名曰"气度非凡、增势添运、适得其所、事业有成、福禄双收、奋斗不息"。又因为龙居龙宫而非小穴,也不食人间烟火,所以龙宝宝起名不宜用守、宏、宋、定、宗、宛、家、容、密、寅、富、田、岩、峒、恬、意、志、恒、悦、惠、情、爱、慕、慧、邦、怀等汉字,其实都是附会之说。

十二生肖起名法实质上根据的是同年出生的人对应的某一生肖动物的习性,是牵强附会的联想式取名,因此不值得提倡。不过,为满足一些读者希望了解相关知识的需求,这里简要列举"十二生肖起名宜忌"如下:

属鼠者,起名宜用有"宀""米""豆""鱼""月""田"等部首的字,如此才不至于有饥饿之忧;不宜用有"山""刀""石""火"等部首的字,原因是山中鼠不如家中鼠安适,一生孤独。

属牛者，起名宜用有"氵""艹""豆""米""宀""冖""亻"等部首的字，不宜用有"刂""匕""火""田""车""马""石""刀"等部首的字。

属虎者，起名宜用有"山""王""彡""巛""木""氵""月""牛"等部首的字，不宜用有"刂""肀""火""川""系""刀""弓"等部首的字。

属兔者，起名宜用有"月""宀""冖""艹""山""田""豆"等部首的字，不宜用有"石""刀""力""匕""犭"等部首的字。

属龙者，起名宜用有"氵""水""雨""金""酉""日""月""马"等部首的字，不宜用有"土""木""田""石""火""灬"等部首的字。

属蛇者，起名宜用有"艹""虫""豆""酉""木""田""山""土"等部首的字，不宜用有"小""刀""血""系""豕"等部首的字。

属马者，起名宜用有"艹""木""禾""豆""米"等部首的字，不宜用有"田""日""火""车""刀"等部首的字。

属羊者，起名宜用有"艹""氵""木""禾""米""田"等部首的字，不宜用有"刂""衤""示""犭""匕""火""矛"等部首的字。

属猴者，起名宜用有"王""木""禾""山""马"等部首的字，不宜用有"火""石""宀""冖""刀""皮""钅""扌"等部首的字。

属鸡者，起名宜用有"米""豆""虫""禾""宀""冖""衤""糸""彡""巾"等部首的字，不宜用有"犭""匕""石"

"刂""血""皿"等部首的字。

属狗者，起名宜用有"骨""鱼""月""豆""米""宀""冖""亻"等部首的字，不宜用有"刂""刀""车""皮""矛""皿"等部首的字。

属猪者，起名宜用有"豆""米""禾""宀""冖""氵""亻"等部首的字，不宜用有"礻""系""石""刀""力""血""皿""虍"等部首的字。

❋ 四柱五行起名法

关于五行，本书第一章第一节已有详细阐述，我国传统起名法很早就将五行学说运用于起名。在唐代，人们已运用汉字偏旁五行相生的关系为孩子起名，例如，武则天主政时期，地方官毕憬（字惟贞）给自己的大儿子取名毕构（后为唐朝著名大臣，曾受唐睿宗玺书嘉奖，后任御史大夫、封魏县男），次子取名毕栩（后为鄢王府或荆州司马）。毕构的儿子取名毕炕，天宝中官至广平太守。毕炕的长子取名毕垧、次子取名毕增。毕垧官至王屋县尉，毕增为河北从事。毕垧的儿子毕镐、毕铢、毕锐，皆不仕。可见，毕构、毕栩兄弟二人的名字都带有"木"字旁，毕构儿子毕炕的名字带有"火"字旁，毕炕的两个儿子毕垧与毕增的名字都带有"土"字旁，毕垧的儿子名字都有"金"字旁，体现的是木生火—火生土—土生金的五行相生顺序，世系繁衍有序。

中国现代文学奠基者鲁迅写过一篇小说《故乡》，其中描写了一位名叫闰土的少年，说闰土是"闰月生的，五行缺土，所以他的父亲叫他闰土"。按照旧时说法，闰土的生辰八字先天五行缺土不吉利，补救的办法是用"土"或"土"字旁的字来取名。

闰土之名由"八字"得来，本书第一章已经讲过"八字"就是一个人出生的年、月、日、时辰所对应的四对干支，又称"四柱"。古人认为一个人的学业、社会地位、经济条件、婚姻状况以及寿夭病残等，都是由四柱决定的，此谓"死生有命，富贵在天"（《论语·颜渊》）。《论语·宪问》记载：公伯寮在季桓子面前毁谤子路，孔子曰："道之将行也与，命也；道之将废也与，命也。公伯寮其如命何！"孔子还说："君子有三畏：畏天命，畏大人，畏圣人之言。小人不知天命而不畏也，狎大人，侮圣人之言。"《论语》中多次提到"命"，诸如"不知命，无以为君子""五十而知天命"。至于"命"具体是什么？孔子没说，反正事情的好与坏以及生来就注定的贫富、寿数等，都是命，这体现了儒家的天命观。人生天命已定，只有通过后天人为的努力来弥补，四柱五行起名法是其中的一种。

战国末期思想家、文学家、政治家荀子说："制名以指实，上以明贵贱，下以辨同异。"制名，意为起名、创造名字。人间万物往往是先有其实，后有其名，甚至已有其实，未有其名。上自人名、国名，下至物名、地名，莫不如是。因此，起名首先据"实"，即依据一个人的出生年、月、日、时，排出四柱，然后分析其五行旺衰喜忌，接着遵循姓名数理，考虑汉字的音、形、义，如此才能推敲出一个吉祥如意、名副其实的名字。

排四柱的步骤如下：

第一步，推算出生年的干支，即年柱。纪年的天干称为年干，纪年的地支称为年支，年干支可以通过当年的挂历查出，如2018年是戊戌年；也可以运用公式计算出来，用公元纪年数减3再除以10（因天干共有10个），不要商数，只要余数，所得余数就代表天干的序数；用公元纪年数减3，除以12（因地支共有12个），也不要商数，所得余数表示地支的序数。举例来说，要推算2017年的纪年干支，则用2017减3得2014，再用2014除以10，得到的余数是4，4对应天干第四位——丁，就可以知道2017年的年干为丁；同时，用2014除以12，得到的余数是10，10对应地支第十位——酉，就可以知道2017年的年支为酉。综合起来，公元2017年的干支纪年为丁酉年。通过干支纪年的地支，我们可以非常容易地判定人的属相，酉年即鸡年，这一年出生的人属鸡。如前所述，需要注意传统干支纪年的划分是以二十四节气中的立春交节时刻为界，而不是以农历正月初一为界，干支年的起始时间与农历年的起始时间并不重合对应。例如，一个人出生在公历2017年2月2日15时09分，这正是农历新年春节正月初六日，由于2017年2月3日23时34分是立春交节时刻，所以他的出生年干支并不是2017年的丁酉，而是2016年的丙申。只有立春后出生者的年干支才是丁酉。

第二步，推算出生月的干支，即月柱。纪月的天干称为月干，纪月的地支称为月支。月干支的推算方法略为复杂，简便之法是通过气象出版社出版的《起名万年历》查出月干支。同样要注意的是：划分一年十二个月的干支纪月是以二十四节气中的立春、惊蛰、清明、立夏、芒种、小暑、立秋、白露、寒露、立冬、大雪、小寒这十二节气开始时间为界限，这与农历或者公历各月的界限不同。一年十二个月与十二地支依次对应，这样纪月的地支（简称月支）是固定不变的，从立春日至惊蛰前一日为寅月，从惊蛰日至清明前一日为卯月，以此类推，从小寒日至立春前一日为丑月。给各月的月支配上不同的天干，组成纪月干支，读者可以根据本书第一章第七节"干支纪历"所讲的"五虎建元歌"以及月干支表来查询。

第三步，推算出生当天的日干支，即日柱。纪日的天干称为日干，纪日的地支称为日支。由于干支组合成六十花甲，所以干支纪日法每60天就出现一循环，周而复始。清代高士宗《素问直解》说："天气始于甲，地气始于子，子甲相合，六十日而甲子周，六六三百六十日，以成一岁。"用数学公式推算日干支十分复杂，读者可以直接用《起名万年历》查找日干支。

第四步，推算出生时辰的干支，即时柱。纪时辰的天干称为时干，纪时辰的地支称为时支。读者可以根据本书第一章第五节"十二时辰"所讲的"五子建元歌"以及时干支表来查询。此外，如前所述，需要特别注意子时还须进一步细分为晚子时与早子时两个时段，以子时的中点即0时为界，0时起（含0时）属于早子时，这是一日之始，与现行公历以0时为新一天的开始时间一致。

知道了四柱即生辰八字后，就可以按照四柱进行起名了。此时，就要根据前文天干、地支对应的阴阳五行以及五行生克与旺衰原理来分析四柱五行了。综合判断一个人的四柱五行，尤其是日元五行旺衰强弱，还要注意以下六点：第一，看日元五行是否得时令，若日元在出生季节处于旺或相状态，就得时令，同时参照前文天干五行十二月令长生变化表判断日元五行在出生月令处于长生、沐浴、冠带、临官、帝旺五种状态中的哪一种；第二，看日元是否通根于地支，"通根"是指日元五行与四柱地支的五行本气为同一五行；第三，看日元是否得生，四柱其他干支五行生日元五行，谓之得生，如辛金生日元癸水；第四，看日元是否得助，"得助"是指四柱中有天干五行与日元五行同类，同类相助；第五，看日元的四柱地支根基是否受到刑冲克害，如卯木是日元甲木的根，卯酉相冲对甲木有影响；第六，看四柱天干、地支是否合化，天干合化与地支合化是有限制条件的，其基本原则是从强而化，天干或地支相合的双方中任何一方不适宜也不适时，彼此都没有强势，就只合不化了。天干地支刑冲克害与合化等知识详见本书第一章第二节"天干"和第三节"地支"专题。

判断出一个人的日元五行旺衰强弱的状况后，平衡五行是十分关键的，那么怎样利用起名调谐四柱日元五行呢？方式主要有四种：形调法、义调法、音调法、数调法。需要遵循的原则是强者抑之，弱者辅之，缺者不利则补之，缺者无妨则不补，起名时注意选择字的音、形、义或者姓名数理的五行进行调谐。这里以日元五行木旺盛来解释"强者抑之"：日元五行木在春季充满活力，且逢木助木或者水生木，需要用金克制木，或用土消耗木，起名选择字形或字义或字音或数理的五行属金或土的字，以便通过名字促进木气"中和"，中和为贵，此谓"木旺得金，方成栋梁"。就"弱者辅之"而言，比如说日元五行木因不得时令而处于衰弱的状态，起名就选择字形或字义或字音或数理的五行属于水、木的字生助日元，此谓"木弱得水，方能成长"。有人说：八字五行缺什么，起名时就补什么。这种说法是片面的。只有一种情况，即日元五行在四柱里处于相对中和平衡状态的情况，才可以说五行缺什么就补什么。我们利用四柱五行原理起名、改名与中医根据阴阳五行学说养生一样，不能随意泄补五行，而要看五行旺衰强弱具体情况，如金主肺、木主肝，四柱里金气强旺过亢，就乘胜侵伐木气，造成肝脏功能失调。因此，起名时只知道生辰八字即四柱的五行个数比例还不够，必须按照五行四时旺相休囚规律判断出五行的旺衰强弱，遵循"抑强扶弱、缺补有别"的原则，这样才能处理起名时是否弥补所缺的五行问题。举例来说，赵先生出生于公历1975年2月17日9时36分（农历乙卯年

正月初七日巳时），对应四柱如下：

乙 戊 甲 己
卯 寅 午 巳

按照传统干支五行说法，本人的生辰八字先天五行比例结构是 4 旺木、0 水、2 火较旺、2 土较弱、0 金，显然先天五行缺水、金。代表本人的日元甲木在立春后正月即寅月得时令，因为春季是木气旺盛的时令，甲木在寅月处于"临官"较好状态，所以日元甲木特别强旺，根据《周易》五行中和原理，本人先天五行缺水没有妨碍，缺金不利，本人名字里喜见金、土，改名就要选择五行属金的字，比如"铁""金""锟""锐""铭""铉""钢"等带"钅"旁的字，或者带"土"旁的字如"地""在""尘""坤""垦""坚""培""域""塘""玉""玛""玮""珑""珉""理""琪""瑜""璋""瑾"等。

无论对四柱日元五行抑强扶弱，还是弥补缺陷，起名或者改名都要熟悉汉字的五行，如何判断汉字的五行？汉字的五行划分大体有三种方式：一是根据字形划分，如"江""流""淇""沉""汛""霖""雯""霆"等带"氵""雨"部首的字的五行属水；"锜""钜""铂""钎""金"等带"钅"旁的字的五行属金；"树""桦""树""蓉""芳""蕾""苗""芙"等带"木"旁、"艹"头的字的五行属木；"昌""昱""晔""烨""焜""耀""辉""煜"等带"火""光""日"部首的汉字五行属火；"玫""珉""理""瑜""璋""瑾""璇""璟"等带"土"旁和"王"旁的汉字五行属土。二是根据字音划分，如"凯"字读音为 kǎi，k 属于木音，ǎi 属于土音，"凯"字的音律五行具有木、土二重性；三是根据字义划分，如"春"字有"生发"之义，所以"春"字五行属于木；"航"有"航行、行舟、船行、渡过"等义，故五行属水。有人从字音的五行上说"航 háng"属木,这是仅仅根据"h"属木来讲的(见下文字音的五行划分规则),犯了以偏赅全、舍本逐末的错误。

判断汉字的五行以字形、字义为主,以字音划分为辅,这要人们合理取舍汉字的五行。比如"清""河""雨""霖"等汉字五行属水,"铁""钢"等汉字的五行属金,但是从汉字的音韵五行上讲,"钢"字五行还具有木、土二重性,在这种情况下,"钢"字五行以金为主。

有些汉字的五行很难从字形、字义上划分,比如,明朝万历年间改革家张居正名字中的"居"字,由"尸"与"古"构成,"尸"的本义是祭祀时代表死者受祭的人,"居从古者,言法古也","居"指居所、处所、住宅,还表示"处在、处于"的意思。从字形与字义上没法讲"居"字五行到底属于什么,只能从其读音 jū 上判断五行属性,"j"音的五行属金,"u"音的五行属水,金生水,所以"居"的五行属水。

根据音韵划分汉字的五行,如果只依据汉字拼音声母划分五行,就有一定的缺陷性。有些起名网上标出"居"的五行属金,这是仅从其声母"j"判断"居"字五行而没有考虑韵母,只知其一而不知其二。再比如,"火"字单从声母"h"上讲属木,"木"字单从声母"m"上讲属水,"水"字单从声母"sh"上讲属水,"土"字单从声母"t"上讲属火,这些都是舍本逐末的说法。因为"火"字本义就含"火"的信息,"木"字本义就含"木"的信息,"水"字本义就含"水"的信息,"土"字本义就含"土"的信息,它们的五行分别就属火、木、水、土。

古代五音包括宫、商、角(音 jué)、徵(音 zhǐ)、羽,分别对应五行土、金、木、火、水。宋代韵书《切韵指掌图》所附

"辨五音例"给出了辨别五音的方法："欲知宫，舌居中喉音；欲知商，开口张齿头正齿；欲知角，舌缩却牙音；欲知徵，舌柱齿舌头舌上；欲知羽，撮口聚唇重唇轻。"现代音韵学按发音部位，将字音分为五类——喉音、齿音、牙音、舌音、唇音，分别对应宫音、商音、角音、徵音、羽音。现代人很难弄清楚古代五音，所以我们从现代字音上讲汉字的五行，只要了解唇音、舌音、齿音、牙音和喉音就可以了。换言之，我们只要将唇音、舌音、齿音、牙音和喉音的五行弄清楚，就可以省略了五音定汉字五行属性的麻烦，而直接对汉字进行五行划分。

根据音韵学，我们对汉字字音的五行分类如下：

木（牙音、角音）：g k h

火（舌音、徵音）：d t n l

土（喉音、宫音）：a o e ie ai ei ao ou an en ang eng ing ong er

金（齿音、商音）：j q zh ch sh s r z c x y (i)

水（唇音、羽音）：b p m f u w (ü)

❀ 五格剖象起名法

五格剖象起名法是日本人熊崎健翁于1918年开创的。据报道，除了用本国的文字起人名外，日本人与韩国人传统上普遍使用汉字起名，给孩子起名的时候，常常有姓名五格的讲究。五格包括天格、人格、地格、总格、外格，其中，天格、人格、地格被称为"三才"。

学习五格剖象起名法，有以下四个注意事项：

首先，要知道五行与数的对应关系。

五格剖象起名法依据姓名的笔画数及其一定的规律建立起的五格数理关系，五格对应的数共有81个，为了确定1—81等姓名笔画五格数的五行,就要先知道1—10数的五行,详见下列五行数字阴阳表。计算规则是:凡五格数超过10以上的,按照只计个位数的法则(若个位数是0,则以10论),将其简化为1—10的数,查表便知道其五行。例如,11、21、31、41的个位数是1,1与五行木相对应,所以11、21、31、41的五行属木,又因1与阳对应,所以这些数属阳木。又如,16、26、36的个位数是6,6与五行土相对应,又与阴对应,所以26的五行属土,且属阴土。

五行数字阴阳表

五行	木		火		土		金		水	
数	1	2	3	4	5	6	7	8	9	10
阴阳	阳	阴	阳	阴	阳	阴	阳	阴	阳	阴

其次,要知道姓名五格的计算方法。

姓名天格数、人格数、地格数是整个姓名格数中最重要的部分,姓名的外格数仅仅是衬托数,只是一种参考信息,对人没有太大影响,可以忽略不计。人格数、总格数、地格数对人生影响最大。起名不能面面俱到,眉毛胡子一把抓就抓不住重点,就容易舍本逐末。五格数的计算方法分别如下:

(1) 天格数

一个人出生后,要么随父姓,要么随母姓,这个姓是祖传的,所以通常是不可改变的。姓是先天的,名是后天的,姓是骨,名是肉,骨肉不能分开,所以起名字要将先天与后天结合起来。姓氏一般不改,而名字不好可以改,因此天格的数理通常只是一种参考数,影响不大。

天格数的计算方法是:天格跟姓氏的笔画数有关,单姓的天格数就是姓氏的繁体字笔画数加1，例如，"陈"姓按照繁体字"陳"计算为16画，其天格数就是16加1，为17；"王"姓的天格数就是4加1，为5。复姓的天格数就是复姓的繁体字总笔画数，如北宋政治家、史学家、文学家司马光的姓氏为复姓"司马"，"司"为5画，"马"（即"馬"）为10画，"司马"的天格数就是15。单姓的天格数为什么要添加1呢？因为单姓就一个字，复姓是两个字，两个字的笔画数相加生成天格数，而一个字的笔画数因没有被加数就不能生成天格数，所以要添加"1"作为假借数。这也是天格数不论好坏的原因之一，另一个原因是姓氏千差万别，没有哪一个姓比另外的姓更好或更坏。

(2) 人格数

人格数是一个人的姓名中最重要的数，因为这个数理暗示作用最大，一般要求是吉数。如果人格数不佳，通常应该改名。姓名人格数的计算方法是：单姓的姓名人格数等于姓的繁体字笔画数加名字里的第一个字的繁体字笔画数，例如，赵（即"趙"）为14画，薇（"艹"按"艸"部首6画计算）是19画，"赵薇"这个姓名人格数就是33，吉数；复姓的姓名人格数就是姓尾名头的繁体字笔画数相加，姓尾即姓中最后一个字，名头即名中第一个字，例如，西汉大辞赋家司马相如的繁体字笔画数是5—10—9—6，"马"的繁体字"馬"为10画，其姓名人格数是19，这个数理暗示意义不佳；如果按照他的复姓别名司马长卿（5—10—8—12）计算人格数，"长"的繁体字"長"为8画，人格数为18，吉数。

(3) 地格数

五格剖象起名法认为，给初生宝宝起名，应保证地格数理暗示意义好，因为地格数对幼年与青少年时期的健康、学业、安全等有暗示作用，所以又称"前运"。地格数的计算方法是：单字名的地格数等于单名的繁体字笔画数加1；由两个字构成的双字名地格数就是这两字的繁体字笔画数之和。例如，"陈昊"的地格数就是9（"昊"的笔画数是8加1），"杨启帆"的地格数就是17（"启"即"启"的笔画数是11，"帆"的笔画数是6）。

(4) 总格数

总格数对中晚年的发展状态起暗示作用，所以又称为"后运"。总格数非常重要，如果姓名的总格数不好，建议改名求得总格吉数。总格数的计算方法是：将姓与名的繁体字笔画数相加，例如，"毛上文"的总格是11。

(5) 外格数

虽然姓名总计有五格数，但是外格数仅仅是一种衬托数而已，充当"五格"的门面，如果没有"外格"，"五格姓名学"就变成了"四格姓名学"，"四格"作为名称，就不如"五格"好，因为"五格"的总数是15为吉。外格数仅代表所处的外界环境而已，是一个人的外因，因此外格数对人没有太大影响。外格数的计算方法是：总格数减去人格数再加上姓名的添加数。

外格数没有经过奇妙的组合，因此一般不列入起名讨论的范围。以笔者十几年的起名实践经验来看，起名只要抓住姓名人格数、地格数与总格数就可以了。姓名五格数面面俱到也未必就是大吉名，因为五格数都吉的姓名，如果不符合本人生辰八字中的日元五行的要求，也不是真正的好名字，姓名五格吉数五行与本人的用神五行结合在一起相辅相成才好。

姓名五格数全方位剖象如下图所示：

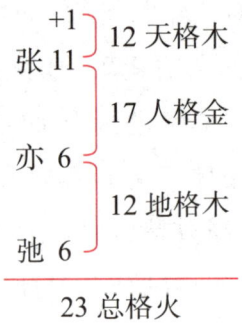

姓名的天格、人格、地格三者之间的关系叫三才配置。五格剖象学把三才五行相克定为是吉配置，如木木土、火木土、水木土等，"天人地三才配置一览表"共有125种配置，其中三才相生谓之"吉"的配置充其量有31种，三才配置相生者不足24%，也就是说，姓名三才配置为吉者甚少，这不符合《周易》太极阴阳之原理，吉与不吉大体相当才是正常的状态。某些起名网与起名书的编者对天格、人格、地格三才相生相克断章取义，对此，笔者明确指出：姓名三才配置决定姓名吉凶的观点是错误的。五格剖象起名法是舶来品，生搬硬套并不完全适宜。笔者的五维全息吉祥起名法汲取五格姓名学的精华，将在本书下节详细介绍。

虽然五格剖象起名法有许多可圈可点的地方，把"数"纳入姓名学里，使姓名信息数据化、程序化和规范化，用数理解释问题，但是，这种起名法也有不合理的地方。比如，许多人把天格数、人格数、地格数之间的三才五行配置关系片面地视为五行相生为吉，认为天格数五行克人格数五行、地格数五行克人格数五行或人格数五行克天格数五行不吉，这个观点是错误的。因为姓名的三才数理五行作为一种信息与本人的生辰五行是相辅相成的，数理五行对本人生辰五行起辅助调节作用，只要姓名的数理五行与本人生辰五行构成一个完整的金、木、水、火、土的五行系统，那么，系统内的五行生克共存、循环往复，姓名"三才"五行相克自然是好事。

为方便读者查阅，下面列举1～81姓名数理的心理暗示意义，都是人为规定的，仅供了解，不必拘泥。凡81数以上者，除其盈数80外，还对应1，2，3……81。例如，161数除以80，余数1，就对应1。

1～81姓名数理暗示意义：

○1. 太极之数

太极之数，万物开泰，生发无穷，利禄亨通。

○2. 两仪之数

阴阳之数，混沌未开，进退保守，忧心劳神。

○3. 三才之数

三才之数，天地人和，事业有成，繁荣昌盛。

○4. 四象之数

四象之数，待时生发，万事谨慎，还可营谋。

○5. 五行之数

五行俱全，循环生克，圆通畅达，福寿集成。

○6. 六爻之数

六爻之数，精打细算，安稳幸运，余荫深厚。

○7. 七政之数

刚毅果断，勇往直前，天赋之力，好奇心强。

○8. 八卦之数

八卦之数，努力发达，志刚意坚，遂成大功。

○9. 大成之数

小舟进海，暗含凶险，有成有败，小心把握。

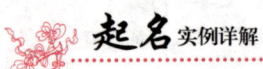

○10. 满盈之数

满盈之数，万物终局，费尽心力，回顾茫然。

○11. 繁荣

万物更新，调顺发达，稳健泽世，繁荣富贵。

○12. 薄弱

无理伸张，薄弱无力，外甜内苦，谋事难成。

○13. 春阳牡丹

多才多艺，智能超群，忍柔处事，必获大功。

○14. 沦落

家庭缘浅，沦落天涯，失意烦闷，谋事不顺。

○15. 福寿

福寿圆满，涵养雅量，立业兴家，必有成就。

○16. 厚重

厚重载物，安富尊荣，财官双美，功成名就。

○17. 坚强

刚毅坚强，宜养柔德，排除困难，必获成功。

○18. 铜镜重磨

谨慎勿骄，机遇重来，有志竟成，博得名利。

○19. 辛苦

成功较早，辛苦不断，虽有智谋，成败难定。

○20. 艰辛

智高志大，历尽艰辛，焦心忧劳，进退两难。

○21. 明月中天

为人尊仰，富贵荣华，立业兴家，大博名利。

○22. 秋草逢霜

秋草逢霜，怀才不遇，忧愁怨苦，事不如意。

○23. 壮丽

旭日东升，壮丽可观，逐步进展，功名荣达。

○24. 掘藏得金

锦绣前程，贵人得宠，白手起家，财源广进。

○25. 英俊

资性灵敏，才能奇特，诚信和气，自成大业。

○26. 变异

常出豪杰，波澜起伏，义气侠情，必建大功。

○27. 增长

自信心强，意志坚定，愿望强烈，可以成功。

○28. 阔水浮萍

遭难之数，争论不和，四海漂泊，终世劳苦。

○29. 智谋

智谋奇略，财利俱备，名闻海内，成就大业。

○30. 起伏

起伏不定，喜忧难分，好运配合，成功自至。

○31. 春日花开

智勇得志，博得名利，统领众人，成就大业。

○32. 丰裕

荣幸多成，贵人相助，财帛丰裕，繁荣昌盛。

○33. 昌盛

旭日东升，鸾凤相会，才德双全，家业昌盛。

○34. 难成

破家之数，难望成功，辛苦遭厄，灾难不断。

○35. 高楼望月

温和平静，理智兼具，文昌技艺，成就非凡。

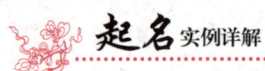

○36. 不平

风浪不平，常陷穷困，动不如静，枉费心力。

○37. 猛虎出林

权威显达，热诚忠信，涵养雅量，终身荣富。

○38. 磨铁成针

能够带头，有志乏力，从事技艺，亦可成功。

○39. 富贵

德泽四方，富贵荣华，财源茂盛，光明坦途。

○40. 退安

智谋胆力，冒险投机，沉浮不定，谨慎平安。

○41. 德高

天赐吉运，和顺畅达，德高望重，博得名利。

○42. 多能

博识多能，精通世情，专心进取，尚可成功。

○43. 困苦

散财破产，诸事不遂，虽有才识，财去困苦。

○44. 怪异

破家亡身，暗隐惨淡，事不如意，乱世怪杰。

○45. 顺风

顺风扬帆，万事如意，智谋不凡，富贵繁荣。

○46. 浪里淘金

载金沉舟，困难辛苦，离祖破家，孤独悲哀。

○47. 点石成金

开花结果，祥瑞亨通，进退攻守，皆有成就。

○48. 古松立鹤

德智兼备，鹤立鸡群，量大荣达，名利双收。

○49. 转折

喜忧难分，得而复失，小心谨慎，逢凶化吉。

○50. 小舟进海

喜忧参半，一成一败，亲多无助，需防倾覆。

○51. 沉浮

盛衰交加，竭力经营，沉浮不定，小心行事。

○52. 慧眼

卓识慧眼，光见之明，顺理成章，名利双收。

○53. 内忧

忧愁困苦，外祥内患，先富后贫，磨难破家。

○54. 石上栽花

石上栽花，难得成活，忧闷频来，家产堪忧。

○55. 坚心固志

外观隆昌，内隐忧患，坚心固志，亦能成功。

○56. 浪里行舟

浪里行舟，历尽艰辛，事与愿违，祸不单行。

○57. 日照春松

资刚性坚，时来运转，天赐吉运，繁荣如意。

○58. 晚行遇月

沉浮多端，生活无常，历经患难，晚年运佳。

○59. 寒蝉悲风

寒蝉悲风，时运不济，缺乏忍耐，苦难不休。

○60. 无谋

心迷意乱，漂泊不定，晦明暗黑，动摇不安。

○61. 修德

修德甚行，花开富贵，名利双收，定享幸福。

○62. 衰败

难得守信，内外不合，志望难达，衰败家废。

○63. 舟归平海

万物化育，繁荣之象，不费心神，万事如意。

○64. 徒劳

骨肉分离，孤独悲愁，徒劳无功，不得安心。

○65. 寿荣

天长地久，家运隆昌，福寿绵长，事事有成。

○66. 进退维谷

进退维谷，艰难不堪，内外不和，身家遭损。

○67. 通达

利禄亨通，贵人援助，家道兴旺，紫气东来。

○68. 发明

志向坚定，创新发明，勤勉力行，发展壮大。

○69. 逆境

坐立不安，常陷逆境，穷迫滞寒，尝尽痛苦。

○70. 空虚

残菊逢霜，空虚寂寞，惨淡忧愁，晚景凄凉。

○71. 劳苦

内心劳苦，缺乏精神，勇于进取，定可成功。

○72. 阴云蔽月

劳苦相伴，阴云蔽月，外观虽好，内里生苦。

○73. 无勇

盛衰交加，缺少勇气，天赐福祉，终生平安。

○74. 逆运

残花经霜，智能无用，辛苦繁多，沉沦逆境。

○75. 退守

退守保安，妄动失败，自有吉相，有谋可成。

○76. 不合

倾覆离散，骨肉分离，内外不合，多陷逆境。

○77. 守成

家庭和悦，先甜后苦，善于守成，前逆后顺。

○78. 智能齐备

喜忧参半，智能齐备，中年发达，晚景凄凉。

○79. 云头望月

云头望月，身疲力尽，前途无光，劳而无功。

○80. 积善修德

辛苦不绝，疲备不堪，积善修德，时来运转。

○81. 万物回春

最极之数，还本归元，重得繁荣，发达成功。

再次，正确计算姓名用字的笔画数。

姓名用字笔画数参照《康熙字典》，通常要按照繁体字笔画数计算，一般不用简体字的笔画数，此外，必须掌握一些特殊的偏旁部首的笔画数计算规则。本身表示数目的汉字可以按其数计算笔画数，也可以按其字的笔画数计算，如"四"是汉字数字，通常按照4画计算，但也可以按照笔画数5计算，而"五"通常按5画计算，也可以按照笔画数4计算。但是，"百"按6画计算，"千"按3画计算，"万"即繁体字"萬"按15画计算。还有一些起名用字笔画数计算特殊规则如下：

"氵"旁按4画计算，因为"氵"归为4画的"水"部，凡是"水"旁的汉字都如此计算，如"沅"计为8画。

"月"旁按8画计算，因为"月"是由"肉"演化而来，归

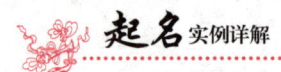

为"肉"部。

左"阝"旁按 8 画计算，因为左"阝"归为"阜"部。

右"阝"旁按 7 画计算，因为右"阝"即"邑"部。

"辶"旁按 7 画计算，因为"辶"即"辵"部。

"艹"旁按 6 画计算，因为"艹"即"艸"部。

"忄"旁按 4 画计算，因为"忄"即"心"部。

"𤣩"旁按 5 画计算，因为"𤣩"归为"玉"部。

"讠"旁按 7 画计算，因为"讠"即"言"部。

"礻"旁按 5 画计算，因为"礻"归为"示"部。

"衤"旁按 6 画计算，因为"衤"归为"衣"部。但是，《康熙字典》将"初"字归为"刀"部而不是"衤"部，所以"初"姓按照 7 画起名，不应以 8 画论起名。

对于以上特殊规则，笔者再举一些例子："郭"姓按照右"阝"旁归为"邑"部，为 15 画；"陈"姓按照左"阝"旁归为"阜"部，繁体字"陳"计数为 16；"琦"字义为"美玉"，按照左"𤣩"旁归为"玉"部，笔画数为 13。因为在《康熙字典》里，表示草木信息的"艹"字头归为"艸"部，所以"芊""茵""萱""菲""萬"用于起名笔画数分别为 9、12、15、14、15。在部首含义上，"慕"字归为"心"部而不是"艹"部，表示心里向往、敬仰、思念，因此"慕"字用于起名按照 15 画论。

最后，掌握姓名笔画数配置格局。

笔者总结的姓名笔画数合理组合列表如下，表中笔画数均以繁体字笔画为准。

姓氏与双字名的最佳数理组合表

姓氏笔画数	名字的笔画数		姓氏笔画数	名字的笔画数	
2	1	10	2	4	12
2	3	20	2	16	13
2	16	21	2	16	19
2	14	21	2	3	10
2	4	9	2	14	9
2	13	18	2	5	11
2	14	19	2	19	4
2	6	15	2	11	10
2	13	10	2	14	15
2	6	17	2	4	19
2	4	12	3	5	10
3	3	12	3	8	24
3	8	5	3	10	22
3	5	8	3	18	14
3	4	14	3	20	12
3	13	5	3	8	10
3	10	8	3	12	6
3	12	17	4	4	7
4	14	17	4	21	12
4	3	8	4	9	22
4	3	4	4	9	2
4	7	24	4	14	17
4	12	19	4	21	16
4	4	17	4	12	17

续表

姓氏笔画数	名字的笔画数		姓氏笔画数	名字的笔画数	
4	14	11	4	9	12
4	12	13	4	12	9
4	13	12	4	20	15
4	4	21	4	12	21
4	19	12	4	11	14
4	20	13	4	14	7
5	2	6	5	10	22
5	8	24	5	3	8
5	13	19	5	8	5
5	11	21	5	19	13
5	6	7	5	18	6
5	10	6	5	10	14
5	12	6	5	11	13
5	8	8	5	18	14
5	8	16	5	20	4
5	11	5	5	10	8
5	8	10	5	12	12
5	13	19	5	13	11
6	7	11	6	9	16
6	10	8	6	10	15
6	9	9	6	12	13
6	10	21	6	19	16
6	10	5	6	19	4
6	9	14	6	10	19

续表

姓氏笔画数	名字的笔画数		姓氏笔画数	名字的笔画数	
6	10	13	6	15	10
6	9	6	6	12	17
6	23	12	7	8	17
7	6	18	7	9	16
7	11	13	7	11	14
7	30	15	7	9	15
7	1	7	7	6	19
7	8	10	7	8	16
7	8	24	7	4	14
7	1	10	7	8	8
7	22	10	7	9	7
7	6	10	7	14	11
7	4	12	7	11	5
7	10	6	7	4	14
8	7	9	8	16	8
8	17	7	8	8	16
8	3	5	8	9	7
8	10	21	8	8	15
8	10	5	8	8	13
8	21	16	8	3	26
8	15	10	8	10	15
8	8	17	8	8	21
8	13	16	8	13	10
8	21	10	8	13	12

续表

姓氏笔画数	名字的笔画数		姓氏笔画数	名字的笔画数	
8	3	12	8	7	16
8	3	10	8	16	9
8	17	14	8	16	15
8	15	14	8	10	14
9	2	4	9	6	10
9	9	6	9	9	7
9	7	8	9	6	26
9	6	18	9	12	12
9	12	20	9	7	16
9	20	12	9	15	3
9	12	4	9	6	17
10	14	17	10	5	10
10	8	7	10	21	10
10	3	12	10	6	9
10	7	8	10	22	9
10	15	16	10	21	4
10	14	21	10	21	14
10	6	7	10	11	12
10	3	10	10	8	13
10	11	20	10	6	17
10	5	18	10	8	15
10	6	15	10	11	10
10	14	15	10	13	10
10	5	16	10	11	2

续表

姓氏笔画数	名字的笔画数		姓氏笔画数	名字的笔画数	
10	14	7	10	19	12
10	13	12	10	11	14
10	19	18	11	18	6
11	14	4	11	14	10
11	7	17	11	4	20
11	20	4	11	13	11
11	14	23	11	5	13
11	20	21	11	10	17
11	21	20	11	6	15
11	7	14	11	12	12
11	12	6	11	13	8
11	10	14	11	12	9
12	4	9	12	13	12
12	6	19	12	12	13
12	12	17	12	23	12
12	3	10	12	20	15
12	4	21	12	19	16
12	11	12	12	17	12
12	11	10	12	9	16
12	4	19	12	6	15
12	1	10	12	9	12
12	9	14	12	20	9
13	12	23	13	18	17
13	18	14	13	16	16

续表

姓氏笔画数	名字的笔画数		姓氏笔画数	名字的笔画数	
13	12	4	13	12	12
13	12	20	13	11	13
13	18	6	13	3	15
13	16	8	13	8	8
13	8	16	13	10	8
13	10	14	13	8	10
13	5	11	14	4	7
14	4	14	14	10	15
14	11	7	14	4	11
14	17	8	14	18	7
14	10	21	14	10	11
14	9	14	14	9	12
14	10	13	14	7	11
14	9	9	14	9	6
14	11	12	15	10	14
15	9	7	15	16	21
15	20	4	15	9	15
15	3	13	15	17	15
15	9	23	15	22	15
15	10	22	15	20	12
15	16	16	15	20	17
15	6	10	15	8	16
15	18	14	15	8	10
15	8	8	15	18	15

续表

姓氏笔画数	名字的笔画数		姓氏笔画数	名字的笔画数	
15	6	18	15	10	8
15	18	6	16	8	5
16	9	4	16	8	7
16	8	17	16	9	7
16	9	16	16	9	6
16	21	4	16	13	16
16	13	12	16	21	10
16	19	6	16	8	13
16	9	14	16	19	4
16	11	12	16	15	14
16	8	15	16	15	8
16	15	16	16	15	10
16	15	17	17	12	6
17	8	10	17	18	17
17	8	7	17	8	16
17	20	15	17	12	12
17	18	6	17	1	14
17	6	12	17	8	8
18	6	5	18	14	15
18	19	10	18	7	6
18	6	7	18	6	15
18	6	17	18	3	12
18	14	7	18	11	10
18	7	16	19	6	12

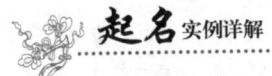

续表

姓氏笔画数	名字的笔画数		姓氏笔画数	名字的笔画数	
19	6	7	19	10	8
19	12	17	19	6	10
19	5	11	19	12	4
19	12	6	19	4	12
19	2	4	19	2	14
19	22	11	19	4	14
20	4	21	20	11	14
20	11	4	20	9	23
20	13	8	20	4	11
20	12	20	20	9	12
20	4	17	20	15	6
20	3	12	21	4	12
21	11	20	21	11	5
21	8	10	21	4	14
21	8	8	21	10	14
21	10	6	21	10	8
21	2	14	21	12	4
22	9	6	22	13	12
22	10	5	22	10	15
22	10	13	22	11	12
22	19	4	22	9	14
23	1	15	23	8	10
23	8	8	23	9	15
23	6	10	23	10	8
23	10	6	24	1	10
24	9	6			

姓氏与单字名的笔画数最佳组合表

姓氏笔画数	单字名笔画数	姓氏笔画数	单字名笔画数
2	14	2	23
3	10	3	12
3	20	4	12
4	17	4	20
5	10	5	20
6	10	6	15
6	23	7	4
7	24	7	14
7	22	8	23
8	24	8	15
8	16	8	17
9	4	9	15
9	23	9	14
9	20	9	22
9	24	10	14
10	15	10	17
10	22	10	23
11	4	11	24
11	12	11	22
12	4	12	20
12	17	12	12
13	12	13	20
13	22	14	10
14	7	14	17

续表

姓氏笔画数	单字名笔画数	姓氏笔画数	单字名笔画数
15	10	15	20
15	22	16	15
16	5	17	15
17	12	18	15
18	6	18	17
19	4	19	10
19	14	19	22
19	5	20	4
20	15	20	17
21	4	21	14
22	10		

❀ 五维全息吉祥起名法

给宝宝起个吉祥如意的名字并不容易，于是有些人图省事走"捷径"，上互联网用起名测名软件来起名、测名打分，这样肯定不靠谱，因为网上的软件都是通过计算机编程设计出来的，生搬硬套四柱五行与五格姓名学，不能根据每个人的具体情况给出合适的姓名。

笔者研究姓名学15年多，在起名实践中逐渐发现了五格剖象起名法和十二生肖起名法的不足与缺陷，于是综合出生者的生辰八字五行、姓名数理、字义、字形、字音五大要素，开创了"五维全息吉祥起名法"，此法既吸收了各种起名法的精华，又弥补了其他起名法的缺陷，是全方位的吉祥起名方法。起名是动用人脑智慧的细活，学会五维全息吉祥起名法，就能起一个名实相符的吉祥名字，这有助于人的发展。

五维全息吉祥起名法中的"五维"是指四柱五行（FE，英文全称 Five Elements）、姓名数理（NS，英文全称 Number Science）、姓名意象（MI，英文全称 Meaning Image）、姓名音象（HI，英文全称 Hearing Image）、姓名形象（VI，英文全称 Visual Image），其中，MI、VI、HI 三者构成姓名识别系统 NISS（英文全称 Name Identity Success System）。五维全息吉祥起名法示意图如下：

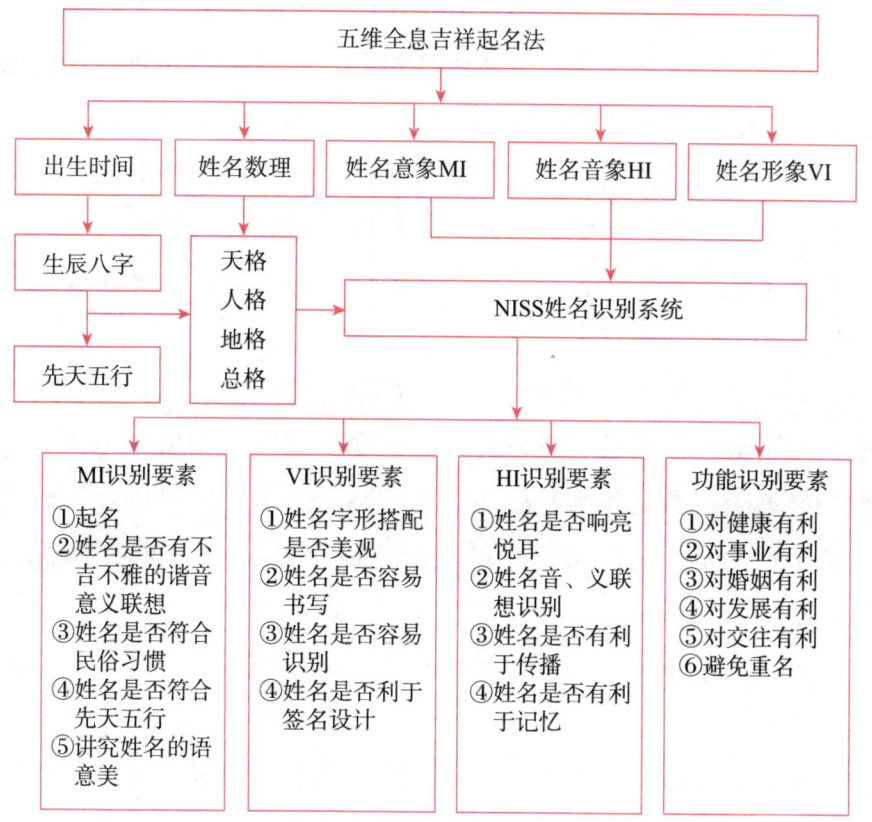

五维全息吉祥起名法具体操作分为以下五个步骤：

五维全息吉祥起名法第一步：排四柱即生辰八字（详见第一章第七节），然后分析八字五行旺衰（详见第一章第六节）。举例说来，公历2017年1月7日10时30分（农历丙申年十二月初十日巳时）出生的人，用干支纪年、纪月、纪日、纪时表示为丙申年辛丑月甲午日己巳时，对应四柱如下：

丙 辛 甲 己

申 丑 午 巳

此四柱的五行个数比例（不计地支所藏天干）与旺衰分析：1木、0水、3火、2旺土、2金，五行不全，缺水，代表本人的日元甲木在十二月即丑月不得时令，因为丑月是五行土旺盛的月份，日元甲木无生无帮，幸而甲己相合，所以甲木相对弱，根据《周易》阴阳五行原理，八字五行以日元五行平衡为最佳状态，五行缺水不利，本人八字五行喜"水"，所以起名补水强木对今后的健康、学业、婚姻、事业更有积极暗示意义，那么适宜起名的汉字可选"氵"旁或"雨"头的汉字，还可以选择构成姓名格数是29或39的汉字。

五维全息吉祥起名法第二步：根据五格数理，确保姓名人格数、地格数、总格数吉祥，具体参见本节"五格剖象起名法"专题。姓名天格数与作为姓氏的汉字笔画数有关，不必细究。姓名人格数反映个人的性格与才能，因此最重要，一般要求是吉数。姓名地格数关系成长状况，要求吉祥。姓名总格数关系中年以后的发展，如果不佳，建议改名。姓名五格数不能面面俱到，外格数一般不考虑。

五维全息吉祥起名法第三步：辨别姓名的语义。姓名中的每一字都有独立的意思，由几个汉字组成的姓名更能让人联想出丰富的寓意，因此起名时必须关注姓名的语义美，不要起出含义不雅或者含贬义的姓名，避免出现不好的外号。例如，著名语言学家、中国文字改革的推动者、《汉语拼音方案》主要创制人周有光（1906—2017年），本来名字叫"周耀"，民国后大家都不喜欢单字取名，他改名为"周耀平"。1923年他考入上海圣约翰大学，主修经济学，选修语言学。此后因写了几篇语言文字方面的论文，不便用本名发表，便给自己取了笔名——周有光，这个笔名来自他读的《圣经·创世记》经文"神说，要有光，就有了光"，后来笔名取代了真名，比真名意境更好。周有光先生曾戏言自己50岁起由经济学教授改行从事语言文字学研究，前者是半途而废，后者是半路出家，两个"半"字合在一起，就是个圆圈"○"，一个"零"字，这其实是周圆，圆了人生梦想。2015年浙江大学出版社出版了周有光著作《逝年如水——周有光百年口述》。周有光享年112岁，在日本留过学，在美国华尔街工作过，通晓汉、英、法、日四种语言，几乎游历了世界上所有主要国家，他沉稳持重、温文尔雅、善于处世，拥有一套豁达与圆融的处世哲学，可谓周圆有光百年，名实相副。

但是，讲究姓名的语意美，并非起名都要用寓意高、大、上、新的汉字，诸如"浩然""诗涵""子轩""怡佳""梦琪""欣怡""雅楠""艾琳""依娜"之类的名字都扎堆啦，一些所谓的"俗名""贱名"与特定的姓氏组合在一起，也能意境非凡。你认为"牛得草"就比他的原名"牛俊国"俗气吗？你能接受"牛憨笨"这样的姓名吗？牛得草（1933—1998年）是豫剧著名丑角表演大师，自幼以乞讨为生，10岁进豫剧（俗称"河南梆子"，1952年正式更名为"豫剧"）班子，起初师从豫剧名丑李小需，专攻丑行，可那时他连个名字也没有，大家管他叫"小牛"。后来，团里一位老艺人为他取名"俊国"，并说："振兴国家就靠你们这一代了！"因其丑角演得好，观众赞其表演"丑"而不俗，可惜名字不风趣，一位清末秀才、爱看戏的老戏迷李春芳给他起艺名叫牛得草，还说："牛儿得了草，能负重远行，韧力无穷啊！"牛憨笨（1940—2016年）是中国杰出光电子学技术专家、中国工程院院士，他1966年毕业于清华大学无线电电子学系，工作后获得了国家级重要奖项14项，1991年获国务院特殊津贴。牛憨笨院士一点也不笨，一生任劳任怨，成就巨大，为我国国防建设和高科技发展做出了重大贡献。再比如，著名笑星陈佩斯给自己的儿子起名叫陈大愚，小名叫"小傻"，体现出大智若愚的境界。陈大愚默默地跟随父亲陈佩斯学习戏剧，2016年获年度"喜剧优秀青年"。还有，被誉为陕北民歌"无冕之王"、青年歌唱家王二妮这样的姓名就比"王金妮""王诗曼""王紫萱"更接地气，影视演员闫妮的姓名也比她的别名闫凯艳、闫大美更有亲和力。

现代人多忌讳用"病""无名""无为""悲""愁"等字词起名，可古人不拘泥于此。比如，西汉名将霍去病、南宋豪放派词人辛弃疾名垂青史。常无名（688—744年）是唐代河内温（今河南温县）人，虽然姓"常"，却有一个不同寻常的名字——"无名"。常无名参加科举考试，成绩不是第一名，却得唐玄宗李隆基钦点为状元，这跟他的名字典出老子《道德经》有关，《道德经》说"道可道，非常道；名可名，非常名……道常无名，朴……化而欲作，吾将镇之以无名之朴……大器晚成，大音希声，大象无形，道隐无名"。唐玄宗笃信老子道教，自称是老子李耳的后裔，自然喜欢"常无名"这个道教味儿很浓的名字。常无名生时颇有文名，他中了状元后，以文章著称于世，盛赞唐玄宗的功德，歌颂太平，官至礼部员外郎。常家四兄弟常无名、常无欲、常无求、常无为都做过地方官，常无名后来在京城长安（今西安市）做官，常无为之子常衮在唐代宗大历十二年任宰相，因此，常家

第二章
宝宝起名方法与实例

是名门望族。现代著名画家、美术教育家徐悲鸿之所以将原名徐寿康改为徐悲鸿，意在激励自己不要伤悲，尽管家境贫寒，谋生艰辛，但要少壮努力，立志读书成才。2016年，当代著名诗人郑愁予83岁了，他原名郑文韬，他创作了《错误》《水手刀》《残堡》《小小的岛》《情妇》《如雾起时》等诗并结集出版，这些诗不仅令人着迷，而且使人陶醉，他被称为"浪子诗人""中国的中国诗人"。宋代著名女词人李清照《声声慢·寻寻觅觅》末尾说"这次第，怎一个愁字了得！"郑愁予未必有说不尽的忧郁苦愁，他说："因为我从小是在抗战中长大，所以我接触到中国的苦难，人民流浪不安的生活，我把这些写进诗里，有些人便叫我'浪子'。其实影响我童年的和青年时代的，更多的是传统的仁侠精神。""愁予"这一具有诗意的名字，恰恰是"予（我）"没有"愁"的乐观心态暗示，每个人都有孤独寂寞、情绪不安的时候，只有保持乐观向上的心态，才能直面人生的悲欢离合。吴莫愁是从《中国好声音》走出来的一位年轻女歌手，2012年在《中国好声音》节目中凭借出色演唱表现获得年度亚军，当时她还在沈阳音乐学院流行音乐系上大一，作为一名在读大学生，一举成名，2013年12月10日，被授予"亚洲新锐热力新人"大奖，2014年4月23日，荣获"年度最劲爆女歌手"，歌曲获得"年度最佳金曲"。吴莫愁的爸爸是一位自由音乐人，而妈妈是一位英语老师，父母给女儿起"莫愁"这样的名字，期望她一生快乐、无忧无虑。

五维全息吉祥起名法第四步：推敲姓名的音韵好坏，避免出现谐音意义不吉不雅的姓名或者容易读错的现象。有些姓氏不是那么好起名字，例如史、老、仇、操、吴、黑、苟、党、胖、别，遇到这些姓氏起名要格外留心谐音意义。

姓名读音如果容易让人联想到不好的意义，往往损人尊严，很容易给本人造成沉重的心理负担，甚至影响本人的发展。比如，我国西周末期晋国国君晋穆侯（姓姬，名费王）为儿子起名叫"仇"，姓名合起来为"姬仇"，谐音"记仇"。尽管姬仇在西周末年至春秋初年当上了晋国第十一任国君，史称晋文侯（前805—前746年），但是他一生不断遭遇仇恨、祸乱。又如，孔子有一个以"孝"著称的平民弟子，名叫闵损，自幼辛苦劳作，尽管受继母虐待，但始终孝顺父母、爱护兄弟，一生都自损不已，不食贪官之禄，名如其人。另据2015年6月28日《武汉晚报》报道，武汉市民黄先生喜得千金，夫妻俩经过考虑，给孩子取名"黄跃菁"。起初，他和妻子以为"菁"读qīng，觉得这个名字还不错。哪知道，在医院开好《出生医学证明》后，有亲戚告诉他，"菁"读jīng，"跃菁"和"月经"同音，夫妻俩这才意识到这名字取得的确不怎么样。黄先生找到孩子出生的医院，向院方提出改名请求，医院工作人员说，按照规定，《出生医学证明》上的名字不能更改。这下黄先生着了急，难道自己的女儿以后就只能一直叫这个可能被小伙伴们取笑的名字吗？于是，黄先生向《武汉晚报》求助。在这种情况下，究竟该怎么改名，该走怎样的程序？《武汉晚报》记者采访计生主管部门得知，新生儿出生后，医院根据孩子父母取好的名字办理《出生医学证明》，然后在市妇幼保健官方的网站上登记注册，医院没有随意更改权利。如果想改名，只能找妇幼保健部门，进入官网出生证系统更改。因为国家分配给每个省市的《出生医学证明》数量有限，一般情况下不提倡随便更改、更换《出生医学证明》。但是如果遇到非常特殊情况，是可以改名重新开《出生医学证明》的，如果新生儿已经办理落户，这需要孩子父母到其所在地派出所开证明，证

第二章
宝宝起名方法与实例

明其名字的确不合适,然后持证明再到孩子出生的医院重开《出生医学证明》。所以,新生儿父母在给孩子取名时一定要三思而后行。除了上述改名方式与程序外,武汉市公安局户政处的一位工作人员说还有一种方式可以改名,按照法律规定,未成年人可以更改姓名,只要资料齐全,到户口所在地派出所将之前《出生医学证明》上的名字申请登记为曾用名,然后再登记新改的名字,这个程序不是很复杂。

有的姓名读音本来很好,但是因为生僻,文化程度稍低的人难以识读。比如,1971年,在一次欢迎外国友人的宴会上,有人看到我国著名考古学家夏鼐(音 nài,本义指大鼎)面前桌签,便张口说道:"夏鼎同志,你好!"夏鼐身旁的人听后目瞪口呆,随后忍住笑声。这个把"鼐"念成"鼎"的笑话传出后,著名文学评论家、作家白夜借夏鼐之口,写了一首打油诗:"夏鼎同志你可好,夏鼐同志吓一跳。偷我头上一个乃,还来同我打交道。"第三句道出了"鼐"与"鼎"两字之不同,妙语调侃当时念错字的人。

不过,也有对自己名字读音满不在乎的,比如,我国现代著名历史学家、古典文学研究家、语言学家陈寅恪(1890—1969年),他对自己的名字被人读错从不纠正,但他的文章绝不允许别人改动一个标点。对于陈寅恪先生名字中的"恪",为什么不少人读"què"而不读成"kè"?这个问题一直被人们不断讨论。语言文字学家王力先生说:"这字本来应该读 kè,但在陈先生的名字中,大家都读 què,所以我也跟着这么读了。"陈寅恪先生也不会去笑王力先生,说你这个搞语言文字研究的怎么也这样读。李光谟教授(著名人类学家李济先生之子)在给黄延复先生的信中说:"'恪'字的正音,按规范汉语自应读作 kè,这一点大概是没有疑义的。但陈寅恪先生的尊讳,就我记忆所及,包括他的一些老友至亲（如俞大维、曾昭抡、傅斯年和家父等），都称'寅què'或'寅quó'（湖南方言读音），这是事实。连语言大师赵元任先生也是叫他'寅què'，我相信我的记忆没有错。"被清华大学师生誉为"活字典"者毕树棠说他曾经问过陈先生，陈先生告诉他"恪"应读"kè"音，毕先生又说："为什么大家都叫你寅què，你不予以纠正呢？"陈先生笑着反问："有这个必要吗？"清华大学著名教授黄延复先生刊于《中华读书报》（2006年11月16日）题为《陈寅恪先生怎样读自己的名字》的文章进一步明确了这个名字的读音。陈寅恪先生出生于1890年即庚寅年，因"恪"为辈分字，他祖母就在"陈"与"恪"之间放一"寅"字。陈寅恪有大哥衡恪，二哥隆恪，还有个弟弟登恪，叔伯兄弟的名字最后一字也都是"恪"字。

美国著名人际关系学大师戴尔·卡耐基曾说："每一个人的姓名，对他来说，是任何语言中最甜蜜、最重要的声音。"要正确地叫出他人的名字，让他感受到自己存在的重要性，觉得自己备受重视，所以最好不要忘记或者念错对方的名字！而在起名时，就要注意所用汉字的读音是否生僻或者不容易把握。

五维全息吉祥起名法第五步：注意姓名的形体美，使姓名的形体美观、平稳和谐，不至于起出像"丁一馨""戴力义"这样字形比例不平衡的姓名。我国汉字大部分都是上下结构或左右结构的合体字，独体字相对较少，万一姓名的字形搭配欠佳，也无大碍，不能追求十全十美。著名经济学家厉以宁说，现实生活中都是只要求次优选择，因为最优是不可能的。所有的决策最优都行不通，都是次优选择。对待起名，人们也要遵循这个优选法则。

五维全息吉祥起名法起名例子参见本章第二节"宝宝起名实例详解"。

❋ 提炼诗词名句起名法

提炼诗词名句起名法就是从诗词、名句里提炼出名字。古人给我们留下大量的、优美的诗词与名句，不但是我们民族文化的瑰宝，而且是人们起名的一个智慧源泉。运用诗词、名句起名不但能体现我们传统文化的精髓，还意味着高雅，会给人留下深刻的印象。但是，要注意避免滥用这种起名套路，如果现实生活中都是诗词化的名字，难免太泛，比如，用《楚辞·离骚》中"夫维圣哲以茂行兮"取名，"圣哲"就不如"茂行"好，因为"圣哲"指具有超凡品德与才智的人，"茂行"指美好的德行，而满大街人都具有超凡品德与才智，这是不可能的。

提炼诗词名句起名范例如下：

岸柳：语出由清代女诗人吴绛雪（名宗爱，字绛雪）《咏四季诗》"莺啼岸柳弄春晴夜月明，香莲碧水动风凉日月长，秋江楚雁宿沙洲浅水流，红炉透炭炙寒风御隆冬"派生出来的一首回文诗："莺啼岸柳弄春晴，柳弄春晴夜月明。明月夜晴春弄柳，晴春弄柳岸啼莺。"

岸芷：语出北宋范仲淹《岳阳楼记》："岸芷汀兰，郁郁青青。"芷，一种香草，比喻高洁的人品。

暗香：语出宋代林逋《山园小梅·其一》："疏影横斜水清浅，暗香浮动月黄昏。"

白雨：语出宋代苏轼《六月二十七日望湘楼醉书·其一》："黑云翻墨未遮山，白雨跳珠乱入船。"

宝磬：语出明代洪应明《菜根谭》："读《易》晓窗，丹砂研松间之露；谈经午案，宝磬宣竹下之风。"大意是，清晨在窗前细读《周易》，用松间露水研磨朱砂圈点书中的义；中午在案头谈论佛经，钟磬声和着竹林间的清风传向远方。

碧云：语出宋代范仲淹《苏幕遮·怀旧》："碧云天，黄叶地，秋色连波，波上寒烟翠。"

博观：语出北宋苏轼《稼说送张琥》："博观而约取，厚积而薄发。"

博学：语出《论语·子夏》："博学而笃志，切问而近思，仁在其中矣。"

常勤：语出清代翟灏《通俗篇·地理》："汝寻常勤精进，譬如水小长流，则能穿石。"

尘远：语出唐代韦应物《赠王侍御》："心同野鹤与尘远，诗似冰壶见底清。"

冲默：语出东晋陶渊明《孟府君传》："冲默有远量。"

础润：语出宋代苏洵《辨奸论》："事有必至，理有固然，惟天下之静者，乃能见微而知著。月晕而风，础润而雨，人人知之。"

春风：语出唐代白居易《杨柳枝词》："一树春风千万枝，嫩于金色软于丝。"

春晖：语出唐代孟郊《游子吟》："谁言寸草心，报得三春晖。"

春深：语出唐末五代十国诗人王贞白《白鹿洞二首·其一》："读书不觉已春深，一寸光阴一寸金。"

春妍：语出宋代苏轼《一丛花·今年春浅腊侵年》："今年春浅腊侵年，冰雪破春妍。"

从善：语出《贞观政要·教诫太子诸王》："从善则有誉，改过则无咎。"

达人：语出宋代彭龟年《题王仲显梅谷》："达人善观物，在我乃不喻。须上最高楼，方能了真趣。"

达志：语出元代宋方壶元曲《中吕·山坡羊·道情》："贫，气不改；达，志不改。"

大礼：语出《礼记·乐记》："大乐与天地同和，大礼与天地同节。"

大乐：语出《礼记·乐记》："大乐与天地同和，大礼与天地同节。"大乐，一指典雅庄重的音乐；二指共同的快乐。

丹枫：语出宋代陆游《龟堂杂兴》："丹枫吹尽鸦声乐，又得霜天一日晴。"

定波：语出唐代聂夷中《劝酒二首·其一》："白日无定影，清江无定波。"

独悟：语出北宋王安石《王文公文集·拟寒山拾得》："独悟自根本，不从他处起。"

笃敬：语出《论语·卫灵公》："言忠信，行笃敬。"

飞帆：语出宋代吴文英《齐天乐》："涉烟碛飞帆，暮山横翠。"

丰衍：语出《后汉书·任延传》："谷稼丰衍。"

根本：语出北宋王安石《王文公文集·拟寒山拾得》："独悟自根本，不从他处起。"

躬行：语出南宋陆游《冬夜读书示子聿》："古人学问无遗力，少壮工夫老始成。纸上得来终觉浅，绝知此事要躬行。"子聿，是陆游最小的儿子。

光景：语出南宋朱熹《春日》："胜日寻芳泗水滨，无边光景一时新。"

浩然：语出《孟子》："吾善养吾浩然之气。"

荷露：语出唐代白居易《放言五首·其一》："草莹有耀终非火，荷露虽团岂是珠。"

恨水：语出南唐李煜《相见欢》："自是人生长恨水长东。"

弘毅：语出《论语》："士不可以不弘毅，任重而道远。"

鸿飞：语出唐代杜甫《寄韩谏议注》："鸿飞冥冥日月白，青枫叶赤天雨霜。"

厚基：语出汉代桓宽《盐铁论》："筑城者，先厚其基而后求其高；畜民者，先厚其业而后求其赡。"

辉光：语出《周易·象传》："大畜，刚健笃实，辉光日新。"

徽音：语出《诗经·大雅·思齐》："大姒嗣徽音，则百斯男。"徽音，意为美誉、美德。

蕙心：语出南朝宋鲍照《芜城赋》："东都妙姬，南国丽人，蕙心纨质，玉貌绛唇。"

己正：语出汉代扬雄《法言·修身》："天下有三好：众人好己从，贤人好己正，圣人好己师。"

霁雨：语出宋代黄庭坚《念奴娇》："断虹霁雨，净秋空，山染修眉新绿。"

建安：语出唐代陆贽《奉天请罢琼林大盈二库状》："智者因危而建安，明者矫失而成德。"

江南：语出唐代白居易《忆江南》："日出江花红胜火，春来江水绿如蓝，能不忆江南？"

江雨：语出唐代韦庄《金陵图》："江雨霏霏江草齐，六朝如梦鸟空啼。"

娇云：语出宋代晏几道《御街行·街南绿树春饶絮》："树头花艳杂娇云，树底人家朱户。"

皎月：语出汉代卓文君《白头吟》："皑如山上雪，皎若云间月。"

介福：语出《诗经·小雅·信南山》："报以介福，万寿无疆。"介福，指大福。

介然：语出《荀子·修身》："善在身，介然，必以自好也。"

金鞍：语出唐代王昌龄《青楼曲二首》："白马金鞍从武皇，旌旗十万宿长杨。"

尽美：语出《论语·八佾》："尽美矣，又尽善也"。

进德：语出明代洪应明《菜根谭》："耳中常闻逆耳之言，心中常有拂心之事，才是进德修行的砥石。"

敬守：语出《管子·内业》："敬守勿失，是谓成德，德成而智出。"

敬之：语出《孟子·离娄下》："爱人者人恒爱之，敬人者人恒敬之。"

静敬：语出明代王永彬《围炉夜话》："为学不外静敬二字，教人先去骄惰二字。"

静若：语出唐代钱起《蓝田溪与渔者宿》："更怜垂纶叟，静若沙上鹭。"

居敬：语出《论语·雍也》："居敬而行简，以临其民，不亦可乎？"

居业：语出《周易·乾·九三爻·文言》"子曰：君子进德修业，忠信所以进德也。修辞立其诚，所以居业也。"

凯风：语出《诗经·柏舟》："凯风自南，吹彼棘心。"

克己：语出唐代韩愈《贺太阳不亏状》："陛下敬畏天命，克己修身，诚发于中，灾销于上。"

克明：语出《尚书·伊训》："居上克明，为下克忠。"

兰若：语出唐代李白《题嵩山逸人元丹丘山居》："尔能折芳桂，吾亦采兰若。"

兰芷：语出宋代贺铸《人南渡·兰芷满汀洲》："兰芷满汀洲，游丝横路。"

冷香：语出宋代姜夔《念奴娇·闹江一舸》："嫣然摇动，冷香飞上诗句。"

流泉：语出明代袁中道《夜泉》："流泉得月光，化为一溪雪。"

柳飞：语出宋代刘仙伦《目于江道中》："过雨青山啼杜鹃，池塘水满柳飞绵。"

笼雪：语出元末明初施耐庵《念奴娇·天南地北》："翠袖围香，绛绡笼雪，一笑千金值。"

绿芜：语出宋代陈克《菩萨蛮·绿芜墙绕青苔院》："绿芜墙绕青苔院，中庭日淡芭蕉卷。"

梅雪：语出宋朝卢梅坡《雪梅·其一》："梅雪争春未肯降，骚人搁笔费评章。"

梦远：语出南唐后主李煜《望江南·闲梦远》："闲梦远，南国正芳春。"

妙心：语出《宋史·岳飞传》："运用之妙，存乎一心。"

明诚：语出《礼记·中庸》："自诚明，谓之性；自明诚，谓之教。"

明哲：语出《尚书·说命上》："知之曰明哲。"

南山：语出晋代陶渊明《饮酒·其五》："采菊东篱下，悠然见南山。"

宁介：语出清朝王豫《蕉窗日记》："宁直毋媚，宁介毋通，宁恬毋竞。"

宁恬：语出清代王豫《蕉窗日记》："宁直毋媚，宁介毋通，宁恬毋竞。"

凝香：语出唐代李白《清平调词·其二》："一枝红艳露凝香。"

溥畅：语出先秦宋玉《风赋》："夫风者，天地之气溥畅而至，不择贵贱高下而加焉。"

其姝（shū）：语出《诗经·邶风》："静女其姝，俟我于城隅。"姝指美丽。

乾元：语出唐代鲍防《元日早朝行》："乾元发生春为宗，盛德在木斗建东。"

乔木：语出《诗经·伐木》："出自幽谷，迁于乔木。"

沁碧：语出宋代吴文英《扫花游·送春古江村》："水园沁碧，骤夜雨飘红。"

青青：语出唐代李隆基《赐新罗王》："益重青青志，风霜恒不渝。"

青山：语出清代郑燮《竹石》："咬定青山不放松，立根原在破岩中。"

清冰：语出唐代白居易《反白头吟》："火不热真玉，蝇不点清冰。"

清容：语出明代洪应明《菜根谭》："清能有容，仁能善断，明不伤察，直不过矫。"

秋鸿：语出宋代苏轼《正月二十日潘郭二生出郊寻春忽记去》："人似秋鸿来有信，事如春梦了无痕。"

秋韵：语出宋代欧阳修《玉楼春·别后不知君远近》："夜深风竹敲秋韵，万叶千声皆是恨。"

泉泓：语出宋代刘子寰《沁园春》："云壑泉泓，小者如杯，大者如罂。"

日新：语出《周易·象传》："大畜，刚健笃实，辉光日新。"

容众：语出《论语·子张》："君子尊贤而容众，嘉善而矜不能。"

柔惠：语出《诗经·大雅·崧高》："申伯之德，柔惠且直。"

如雪：语出南唐后主李煜《清平乐·别来春半》："砌下落梅如雪乱，拂了一身还满。"

如茵：语出陈毅《宿欧西》："花香时伴鸟语来，草地如茵沁心腹。"

若飞：语出北朝《木兰诗》："关山度若飞。"

若木：语出《楚辞·离骚》："折若木以拂日兮。"

若虚：语出明代王永彬《围炉夜话》："观颜子之若无若虚，为学岂容自足？"

若愚：语出宋代苏轼《贺欧阳少师致仕启》："大勇若怯，大智若愚。"

三立：语出《左传·襄公二十四年》："太上有立德，其次有立功，其次有立言，虽久不废，此之谓不朽。"

三秋：语出《诗经·王风·采葛》："彼采萧兮，一日不见，如三秋兮。"

三省：语出《论语·学而》曾子曰："吾日三省吾身，为人谋而不忠乎？与朋友交而不信乎？传不习乎？"

沙白：语出唐代杜甫《登高》："渚清沙白鸟飞回。"

善志：语出汉代刘安《淮南子·主术训》："人无善志，虽勇必伤。"

尚行：语出北宋邵雍《渔樵问对》："尚行，则笃实之风行焉；尚言，则诡谲之风行焉。"

韶华：语出北宋秦观《江城子·西城杨柳弄春柔》："韶华不为少年留，恨悠悠，几时休！"

省非：语出北宋林逋《省心铨要》："广积不如教子，避祸不如省非。"

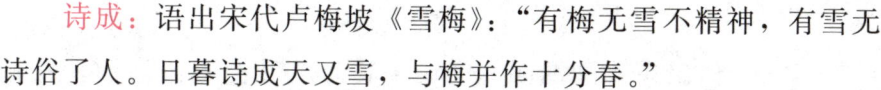

诗成：语出宋代卢梅坡《雪梅》："有梅无雪不精神，有雪无诗俗了人。日暮诗成天又雪，与梅并作十分春。"

诗雪：语出宋代卢梅坡《雪梅》："有梅无雪不精神，有雪无诗俗了人。"

守逸：语出明代洪应明《菜根谭》："栖恬守逸之味，最淡亦最长。"

守正：语出明代洪应明《菜根谭》："宁守浑噩而黜聪明，留些正气还天地。"

水静：语出唐代赵嘏《越中寺居》："水静鱼吹浪，枝闲鸟下空。"

思诚：语出《孟子·离娄上》："是故诚者，天之道也；思诚者，人之道也。"

思飞：语出唐代李白《宣州谢朓楼饯别校书叔云》："俱怀逸兴壮思飞，欲上青天揽明月。"

思齐：语出《论语·里仁》："见贤思齐焉，见不贤而内省也。"另见汉代《韩诗外传》："思齐则成，志齐则盈。"

思睿：语出《近思录·致知》："思曰睿，思虑之后，睿自然生。"

思行：语出《论语·公治长》："三思而后行。"

斯远：语出明代王永彬《围炉夜话》："品超斯远，云飞而不碍空。"

素臣：语出北宋田锡《塞上曲》："素臣称有道，守在于四夷。"素臣，泛指精通并诠释儒家经典的文人、学者、经学家。

素诚：语出南朝宋鲍照《拟古》诗之六："石以坚为性，君勿轻素诚。"

素心：语出东晋陶渊明《移居二首》："闻多素心人，乐与数

晨夕。"

素月：语出东晋陶渊明《杂诗·其二》："白日沦西河，素月出东岭。"

天旭：语出东晋陶渊明《归园田居·其五》："欢来苦夕短，已复至天旭。"

桐叶：语出宋代曾几《苏秀道中》："千里稻花应秀色，五更桐叶最佳音。"

图南：语出《庄子·逍遥游》："（大鹏）绝云气，负青天，然后图南。"

婉若：语出三国时魏国曹植《洛神赋》："翩若惊鸿，婉若游龙。"

望晴：语出宋代史达祖《三姝媚·烟光摇缥瓦》："烟光摇缥瓦，望晴檐多风，柳花如洒。"

惟静：语出唐代姚崇《口箴》："惟静惟默，澄神之极。"

无涯：语出《庄子》："吾生也有涯，而知也无涯。"

惜晖：语出唐代陈子良《游侠篇》："日暮河桥上，扬鞭惜晚晖。"

溪雪：语出明代袁中道《夜泉》："流泉得月光，化为一溪雪。"

习之：语出《论语·学而》："学而时习之，不亦说乎？"

闲云：语出唐代王勃《滕王阁序》："闲云潭影日悠悠，物换星移几度秋。"

香风：语出唐代李白《鹦鹉洲》："烟开兰叶香风暖，岸夹桃花锦浪生。"

翔风：语出魏晋时期阮籍《咏怀》："翔风拂重霄，庆云招所晞。"

心香：语出格言："左拍右携非我事，心香一炷要争光。"

心夷：语出《诗经·草虫》："亦既见止，亦既觏止，我心则夷。"

心远：语出东晋陶渊明《饮酒·其五》："结庐在人境，而无车马喧；问君何能尔？心远地自偏。"

欣德：语出东晋陶渊明《答庞参军·其三》："伊余怀人，欣德孜孜。"

新雨：语出唐代丘为《寻西山隐者不遇》："草色新雨中，松声晚窗里，及兹契幽绝，自足荡心耳。"

行简：语出《论语·雍也》："居敬而行简，以临其民，不亦可乎？居简而行简，无乃大简乎？"

杏雪：语出宋代范成大《忆秦娥》："一天风露，杏花如雪。"

修远：语出战国时期楚国屈原《离骚》："路漫漫其修远兮，吾将上下而求索。"

暄妍：语出北宋林逋《山园小梅·其一》："众芳摇落独暄妍，占尽风情向小园。"

学思：语出《论语》："学而不思则罔，思而不学则殆。"

逊志：语出《尚书·说命下》："惟学逊志，务时敏，厥修乃来。"

雅志：语出东晋陶渊明《闲情赋》："淡柔情于俗内，负雅志于高云。"

岩花：语出唐代权德舆《送别同用阔字》："想得读书窗，岩花对巾褐。"岩花，指长在岩石上的花。

彦兮：语出《诗经·郑风》："彼其之子，邦之彦兮。"

雁秋：语出五代冯延巳《抛球乐》："坐对高楼千万山，雁飞秋色满阑干。"

养正：语出《周易·蒙》："蒙以养正，圣功也。"

瑶华：语出唐代张九龄《立春日晨起对积雪》："忽对亭林雪，瑶华处处开。"

益才：语出汉代刘向《说苑·建本》："学所以益才也，砺所以致刃也。"

益青：语出唐代李隆基《赐新罗王》："益重青青志，风霜恒不渝。"

毅然：语出明代《朱舜水集》："毅然特立，有为之士也。"

亦奇：语出宋代苏轼《饮湖上初晴后雨二首·其二》："水光潋滟晴方好，山色空蒙雨亦奇。"

映雪：语出唐代徐坚等奉敕撰《初学记》卷二引《宋齐语》："孙康家贫，常映雪读书。""孙康映雪"作为成语，比喻读书非常刻苦，后世用"映雪读书""映雪""雪窗"等谓勤学苦读。

幽兰：语出东晋陶渊明《饮酒·其十七》："幽兰生前庭，含薰待清风。"

宇泰：语出《庄子·庚桑楚》："宇泰定者，发乎天光。"

雨来：语出宋代李清照《摊破浣溪沙》："枕上诗书闲处好，门前风景雨来佳。"

远闻：语出唐代孟郊《送温初下第》："高怀无近趣，清抱多远闻。"

月轩：语出南北朝江淹《别赋》："日下壁而沉彩，月上轩而飞光。"

云帆：语出唐代李白《行路难·其一》："长风破浪会有时，直挂云帆济沧海。"

云锦：语出唐代李白《庐山谣寄卢侍御虚舟》："庐山秀出南斗傍，屏风九叠云锦张。"

云木：语出唐代杜荀鹤《小松》："时人不识凌云木，直待凌云始道高。"云木，指高耸入云的树木。

云旗：语出战国时期楚国屈原《楚辞·离骚》："驾八龙之婉婉兮，载云旗之委蛇。"

云影：语出宋代朱熹《观书有感》："半亩方塘一鉴开，天光云影共徘徊。"

泽积：语出唐代刘禹锡《唐故监察御史赠尚书右仆射王公神道碑铭》："山积而高，泽积而长。"

朝闻：语出《论语》："朝闻道，夕死可矣！"

真淳：语出金末元初文学家元好问《论诗三十首》："一语天然万古新，豪华落尽见真淳。"

知能：语出明代王永彬《围炉夜话》："不与人争得失，惟求己有知能。"

知闲：语出《庄子·齐物论》："大知闲闲，小知间间。"

知涯：语出《庄子》："吾生也有涯，而知也无涯。"

至诚：语出汉代刘歆《西京杂记》："至诚则金石为开。"

至清：语出《汉书·东方朔传》："水至清而无鱼，人至察则无徒。"

至柔：语出《周易·文言传》："坤至柔而动也刚，至静而德芳。"

至哲：语出北宋范仲淹《老子犹龙赋》："至哲难偕，元功莫极。"至哲，指最有智慧的人。

志齐：语出《韩诗外传》："思齐则成，志齐则盈。"

志清：语出唐代李善《昭明文选注》："顾子曰：登高使人意遐，临深使人志清。"

志行：语出《周易·豫》："豫，刚应而志行，顺以动。"

志逸：语出东晋陶渊明《杂诗》："猛志逸四海，骞翮思远翥。"

致君：语出唐代杜甫《奉赠韦丞丈二十二韵》："致君尧舜上，再使风俗淳。"

致远：语出三国时蜀国诸葛亮《诫子书》："非淡泊无以明志，非宁静无以致远。"

竹石：语出明代洪应明《菜根谭》："水木之荣枯，竹石之消长，独闲者操其权。"

卓心：语出明代王永彬《围炉夜话》："一室闲居，必常怀振卓心，才有生气。"

子都：语出《孟子·告子上》："至于子都，天下莫不知其姣也。"

子规：语出唐代杜甫《子规》："两边山木合，终日子规啼。"

子来：语出《诗以·大雅·灵台》："经始勿亟，庶民子来。"

紫烟：语出唐代李白《望庐山瀑布》："日照香炉生紫烟，遥看瀑布挂前川。"

自成：语出《礼记·中庸》："诚者，自成也；而道，自道也。"

自明：语出明代洪应明《菜根谭》："水不波则定，鉴不翳则自明。"

自强：语出唐代高适《鲁郡途中遇徐十八录事》："弱冠负高节，十年思自强。"

自清：语出战国时期楚国屈原《楚辞·卜居》："宁廉洁正直以自清乎？"

❀ 按家谱辈分字起名技巧

中国许多家族有记载本姓本族子孙世系传承和本族重要人物事迹的家谱（又称族谱、宗谱），家谱中一般少不了有关辈分字的规定。

辈分字,即字辈,又称字派、排行字、行辈字、昭穆字,就是在族谱或者家乘(即家谱)里早已规定好的表示每个人在本家族世系中所居地位高低先后的排行字。例如,《南安石井郑氏隐石公派下居厦门海沧钟山公家乘》规定的"石井本宗行次",即本支郑姓辈分字。

本家族的新生儿起名时,就要采用家谱规定的表示其这一代辈分的专用字。辈分字一般用在姓名的中间,也有少数用在姓名最后的,用来表示本家族成员血缘远近程度、先后尊卑的关系。知道本家族某人名字中包含辈分字,就知道其辈分地位高低,也就知道该叫对方"伯伯""伯母"还是叫兄弟姐妹抑或是"侄儿""侄女"了,所以,使用字辈的目的是防止家族成员之间称呼混乱,避免由于无字辈或不按字辈取名而导致本家族人辈分高低、先后次序不清,同时方便因各种原因迁徙分散居住的族人按辈分字起名,利于后人寻根访祖。比如,清朝咸丰元年(1851年)乡试,义宁州客家秀才陈文凤、陈宝箴中举。客家陈姓借此喜庆,敦促陈文凤、陈宝箴纂修陈氏大成宗谱,于是两位新科举人制定了"三恪封虞后,良家重海邦。凤飞占远耀,振采复西江"的行辈字,并规定用行辈字取名,行辈字的位置顺序,上一辈在名字中间,下一辈则在名字末尾,再下一辈又移至中间,民间称这种辈分用字顺序为"上下翻"。中

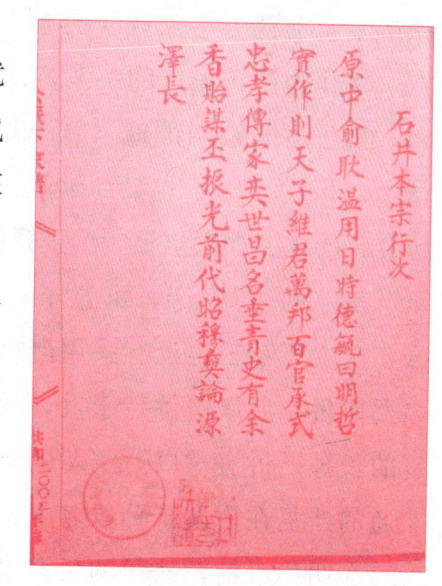

石井本宗行次

国现代最著名的学者陈寅恪就是其中"恪"字辈的一代人，本人及其同胞兄弟之名都有"恪"字：长兄衡恪、次兄隆恪、四弟方恪、五弟登恪。陈寅恪本家族叔伯的儿子名后也都带有"恪"字，如荣恪、儒恪、伊恪、齐恪。陈寅恪的父亲陈三立是"三"字辈的一代。不过，中国近代伟大的启蒙思想家、教育家、翻译家严复生前就为本家族子孙后代立下了"传家以孝，为国维忠"八个字作为严氏家族的字辈，却没有按照自拟的排行字为子女起名，其子名分别叫严璩（音 qú）、严瓛（音 huán）、严琥、严璿（音 xuán）、严玷（音 diàn），其女名分别叫严瑸、严璆（音 qiú）、严珑、严顼（音 xū）。严复的子女名的最大特点是都有表示"玉"的"王"旁，寓意子女具有美德才华。严璩的长女严倚云、次女严系云也没有采用严复拟定的字辈起名。严琥的长子谱名严以侨，后以严侨行于世，长女严倬云，次女严停云。只有严复的长孙严侨有"以"字辈的谱名严以侨，由此可见，中西文化兼通的严复在为其子孙取名上很开明灵活。

在明代以前，孔子的后裔没有固定的辈分字，那时各家取名很随意。明初，太祖皇帝朱元璋赐给曲阜孔氏 10 字作为行辈字，即"希、言、公、彦、承、弘、闻、贞、尚、衍"，从第 56 代起排，此后孔氏族人不准随便取名。衍圣公府还专门颁布了《孔氏行辈告示》："今依所定吉字开列于后，凡我族人俱当遵照所开列行辈，取名训字。有不钦依世次随意妄呼者，不准入谱。"明代万历神宗皇帝朱翊钧钦赐孔氏"兴、毓、传、继、广、昭、先、庆、繁、祥"这 10 代辈字。清朝咸丰皇帝钦赐孔氏"令、德、维、垂、佑、钦、绍、念、显、扬"10 字为辈分字。清乾隆皇帝非常尊敬孔子，又给孔子后裔重赐了以上 30 字，以示皇恩。清末民初徐珂《清稗类钞·姓名类》"孔氏命名之字派"条云："曲

第二章
宝宝起名方法与实例

阜孔氏为孔子之后,命名皆有字派,其迁徙他郡县者,但系孔子嫡传,亦必同一字派。盖自元代之 54 代衍圣公名思晦者起,于是凡 54 代孙,均以'思'字为派。思字下为'克'字派,克字以下,则为希、言、公、彦、承、弘、闻、贞、尚、衍十派,再次则为兴、毓、传、继、广、昭、宪、庆、繁、祥十辈,又次则为令、德、维、垂、佑、钦、绍、念、显、扬十辈。"1920 年,孔子的第 76 代传人孔令贻又续修了 20 代字辈,并经北洋军阀政府内务部加盖印章批准遵照执行,这 20 代字辈是:建、道、敦、安、定、懋、修、肇、彝、常、裕、文、焕、景、瑞、永、锡、世、绪、昌。以上几次订立的行辈字计 50 字 50 辈,为 56 代到 105 代,于是,孔子后裔的字辈谱是中国历史上辈分延续时间最长、包罗内容最丰富的行辈谱,以一首五言诗表述如下:

希言公彦承,弘闻贞尚衍。
兴毓传继广,昭宪庆繁祥。
令德维垂佑,钦绍念显扬。
建道敦安定,懋修肇彝常。
裕文焕景瑞,永锡世绪昌。

根据以上排列辈分字,如果我们看到孔子后裔姓名中间的字,就可推算出其是第几代孙辈,例如孔祥祯、孔令明、孔德懋,从他们的名字就可知其字辈分别为孔子的第 75 代孙"祥"字辈、第 76 代孙"令"字辈、第 77 代孙"德"字辈。

"姓氏+辈分字+辅助字"或者"姓氏+辅助字+辈分字"格式适用于有字辈要求的人起名,但是用固定的辈分字来起名,既要符合本人生辰八字五行,又要求姓名数理吉,还要照顾读音、字形、字义,起名难度不言而喻。

按已经指定好的辈分字起名,可能遇到有的人姓名格数不吉的情况，解决这种问题的唯一技巧是：用同音异字替换表示辈分的指定字。例如，广东省河源市程姓家族40代字辈为："国家传世德，理学必宗先，孝支宜为则，崇文作善元。燕翼富强本，知书万道全。品行铭高洁，昌兴起俊贤。""行"字辈的人起名叫程行×，"铭"字辈的人起名叫程铭×，"高"字辈的人起名叫程高×，"洁"字辈的人起名叫程洁×。程行×的人格数是"程"的笔画数12加"行"的笔画数6，总计18，吉数。程铭×的人格数是26，也算吉数。但是对于"高"字辈的姓名程高×来说，姓名人格数22就暗示"秋草逢霜，怀才不遇，忧愁怨苦，事不如意"。用同音汉字"杲"代替"高"，姓名人格数为16，吉数。程洁×的姓名人格数28也不好，笔者采用15画的繁体字"節"（即"节"）代替"洁"，人格数就变为吉数27，这样也体现出高风亮节的信息。如果没有其他汉字替代，就只好不用辈分字起名了。再如，重庆市万州区王氏家谱里的辈分字为"相吾青其，玉美兴居，一行仁厚，显耀永立，国政天顺"，"相"字辈的人起名叫王相×，"吾"字辈的人起名叫王吾×。王相×的姓名人格数是13，属于吉数，王吾×的姓名人格数是11，也是吉数，但是对于"青"字辈的姓名王青×来说，姓名人格数12就属于掘井无泉之象，我们用"清"字替换"青"，这样人格数就变为16，比较好。

有的家谱里订立了相对灵活的辈分字，比如，家族制订了4个或5个字为一组，表示同辈一代人的辈分字，让一代同辈的人从这一组字中自选一个专用字起名。举个例子吧，山东省日照市丁姓字辈："惟我家谱，履历备详。原籍海州，肇始武昌。明初来照，相宅河北。天启开科，崇祯任职。乡贤名宦，德言事功。显扬令绪，繁育兴隆。聿愿同心，孝敬和睦。世代绵长，丕承祖泽。"丁姓家谱规定每4个字为同辈一代，每一代人起名就从4

个字中任选一字表示辈分,不分先后、不分主次,著名物理学家、诺贝尔物理学奖得主丁肇中就是这个家族的名人,为同代"肇始武昌"辈。

有一些人问:不按照家谱辈分字起名,宝宝的名字能跟父母、祖父母、外祖父母的名字中的一个字相同吗?这涉及家族观念与民族观念问题,汉族人旧时比较讲究辈分,避讳长辈的名字,但是也有不避讳长辈名字的,比如一代国母宋庆龄的弟弟宋子良与夫人席曼英只育有独生女儿宋庆怡,宋庆怡与其姑妈宋庆龄的名字都有"庆"字。

中国历史上存在着不少父与子、长辈和晚辈之间不嫌同名的现象。《史记·司马相如列传》记载:"司马相如者,蜀郡成都人也,字长卿。少时好读书,学击剑,故其亲名之曰犬子。相如既学,慕蔺相如之为人,更名相如。"司马相如,原名犬子,别称司马长卿,汉景帝时为武骑常侍,工辞赋,成为西汉著名辞赋家,是中国文学史上杰出的代表之一。蔺相如是战国时赵国大臣。赵惠文王时,秦国向赵国强要"和氏璧",他奉命带璧入秦,在秦王面前力争,最终完璧归赵。蔺相如又随赵王到渑池与秦王相会,使赵王没有被屈辱。他还对同朝大臣廉颇容忍谦让,使廉颇悔悟,成为团结御敌的知交。年轻时的司马相如完成了学业,因仰慕战国时的名相蔺相如的为人,就改名叫相如。汉末三国之吴国重臣、政治家顾雍少年时跟从东汉大文学家蔡邕学琴,因其好学专一、聪慧过人,蔡邕认为他将来必成大器,于是用与自己的名同音字"雍"为他命名。"邕",古同"雍",表示和睦、和谐,所以师生二人算是同名。由此可见,由于古人的名讳观念不同,赋予名字的含义也有差别。《礼记·内则》中说:"名子父之则也。"在父子同名例中,子女的名字是父亲起的,他很可能是认为该子女与自己在长相、志趣、才智等方面相仿,因此将自己的名字赋予该子女。古人也常为自己改名,如果这些名字是本人自己改的,那就是和西汉辞赋家司马相如一样,是表示仰慕先人,或是表示对祖父的崇拜和纪念。现代著名教育家和史学大师陈垣《史讳举例》载:"晋王羲之子知名者五人:曰玄之、凝之、徽之、操之、献之,献之嗣子静之,祖孙父子皆以'子'为名,不以为嫌也。宋王弘之子僧达(王僧达是南朝宋文学家、大臣),孙僧亮、僧衍,从子僧谦、僧绰、僧虔,从孙僧祜,叔侄皆以'僧'为名,不以为嫌也。"《宋书》卷四二载刘棉之长子刘虑之,中子刘式之,少子刘贞之。父子皆以"子"为名,不以为嫌。陈寅恪先生指出:"六朝人最重家讳,而'之''道'等字则在不避之列,所以然之故虽不能详细,要是与宗教信仰有关。"南北朝之时,世人常用与其宗教信仰相关的字来命名,信仰道教之人常用"道""之""灵"等字,信仰佛教之人常用"僧""昙""惠"等字来命名,长辈、晚辈、兄弟皆可用相同字命名,即使是世家大族也不以为讳,故不能据以定世系。《史讳举例》又云:"南齐萧道成,字绍伯;其父承之,字嗣伯,父子同字,不以为嫌也。且萧道成父名承,而其第六子又封承安王,父子祖孙不避嫌名也。"萧道成是西汉丞相萧何24世孙,是南北朝时期南齐开国皇帝,汉族人,萧道成家族这样命名与其家族不嫌同名紧密相关。魏晋南北朝时期的父祖子孙同名现象之所以引人注意,是因为同名或不避讳者多是皇朝宗室和世家大族。

唐人在思想信仰方面拥有相当大的自由,儒、佛、道三教并行,因此,唐代父子同名或同音现象不少,还有祖孙同名的现象,更有女孩与父祖同名的现象。比如,唐朝楚州山阳县令孟公行与其子孟恭,父子名字有同音字;唐高宗上元年间,王逸给儿子取名叫王义，父子名同音异字；唐高宗乾封年间，孙智为自己的女儿取名也叫孙智，父女同名；唐玄宗开元年间，李德的孙子也叫李德（名德，字智淳），爷孙同名；唐玄宗开元年间，张俭的孙子名叫张剑，字求剑，爷孙名同音异字；唐玄宗天宝年间，毛爽为儿子取名也叫毛爽，父子同名；唐宪宗元和年间，郑憬为其子取名也叫郑憬；唐懿宗咸通年间，温令琛的孙子名叫温令绶，爷孙名都有"令"字，经学者考证，这些名字相同或同音现象大多出现在今河南、河北、山西、陕西四省地域内，名字的主人大多是唐代社会中下层人士（以上参见王飞娜《唐代祖孙父子同名考》）。

新中国成立后，父子、母女、爷孙名字共有一个相同字，具有纪念、敬仰、传承美德的意义。例如，毛泽东主席亲自给其外甥女起名叫孔东梅，胡乔木为自己的女儿起名叫胡木英，李鹏为自己的儿子起名叫李小鹏，这都是父辈期望后代传承优良家风与美德。著名语言学家周耀平（笔名周有光）之子1934年出生于上海，其父为其起名叫周晓平，父子的名字都有"平"字，周晓平后来成为我国著名气象学家。

如今，人们的观念随着祖国改革开放大潮与时俱进，用父母、祖父母、外祖父母的名字中的一个字给宝宝起名，不仅没有冒犯上辈亲人的名字，还突出表达了对上辈亲人的想念、敬仰，不忘家风美德。

❋ 二胎起名技巧

父母为了给大宝取个好名字花了不少心思，现在要给大宝添弟弟妹妹了，得给二胎宝宝取个能跟哥哥或姐姐的名字联系在一起的名字，让人家一听就知道大宝和二宝是同胞关系，这需要一些技巧。

二胎取名技巧之一：跟大宝的名字有相同字。为了让大家知道大宝和二宝的关系,如果大宝姓名有三个字,那么二宝取名的时候可以用大宝名字中的一个字,可以取姓名第二个字为共用字,也可以取姓名第三个字为共用字。性别不同的兄弟姐妹名字,想要名字好听而又有共同性,那么尽量以偏中性的字为共用字,如欣、韶、子、咏、思、彦等字,这样不管男女,都能很方便地取个好名字。中国现代史上"宋氏三姐妹"的名字便是如此。宋蔼龄联姻孔祥熙,善于积财,富甲天下;宋庆龄是近代民主革命家孙中山的夫人,一代国母,爱国爱民,万民景仰;宋美龄嫁给蒋介石,在当时地位显赫。《宋庆龄年谱》记载:"父亲宋嘉树(1866—1918年),原名乔荪,字耀如,西名查理·琼斯·宋。原姓韩,是客家人韩宏义之子,由于12岁时过继给宋姓舅父,遂改姓宋。"宋嘉树,又名宋耀如,其妻倪桂珍,夫妇一共生育三女三子,三个女儿出生在上海,长女取名宋蔼龄,次女取名宋庆龄,小女取名宋美龄,姐妹名字最后都有"龄"字;长子取名宋子文,次子取名宋子良,小子取名宋子安,兄弟姓名中间都有"子"字,一听就是一家人。此外,中国台湾女歌手、演员张韶涵,有一个弟弟和一个妹妹,名字分别叫张韶杰和张韶轩,就是取"韶"字共用。

二胎取名技巧之二:跟大宝的名字有同音字。如果两宝性别不同,但是还想把名字取得性别区分鲜明,那么可以取同音字作为大宝和二宝的姓名纽带。例如,中国香港演艺明星谢霆锋和他的妹妹谢婷婷,"霆"和"婷"是同音字,分别用在男性和女性名字里面,一个大气阳刚,一个亭亭玉立。还有中国台湾女艺人范玮琪和她的弟弟范伟达,"玮"和"伟"也是同音字。

二胎取名技巧之三:宝宝们都用同偏旁部首的汉字取名。例如,中国台湾演艺明星徐熙媛(别号大S)与妹妹徐熙娣(别号小S）组成歌唱团体"SOS"（即 Sisters of Shu；徐氏姊妹），她俩还有一个姐姐叫徐熙娴，姐妹三人的名字不但共用了"熙"字，连第三个字"娴""媛""娣"都是"女"字旁，让人一听，果然是亲亲的三姐妹。

二胎取名技巧之四：宝宝们都用同属性的词语取名，"伯仲叔季""春夏秋冬""东南西北""冰雪""文武"等都是同属性词语。例如，宋子文的小弟宋子安与夫人吴其英生有两个儿子，名字分别叫宋伯熊与宋仲虎，兄弟俩的名字有"伯仲"关联，"伯"表示老大，"仲"表示老二，父母还以猛兽之名给兄弟俩命名，一熊一虎，各有一片领地事业。又如，著名演员李冰冰和她的妹妹李雪（原名李秀秀），姐妹名字以"冰雪"联系在一起。

二胎取名技巧之五：大宝与二宝的名字分别采用重叠字。例如，影视明星范冰冰和她的弟弟范丞丞，"冰冰"和"丞丞"都是叠字，两个名字体现了姐弟的同胞关系。

二胎取名技巧之六：大宝与二宝的名字典出同一诗词名句。比如，《晏子春秋》有晏子曰："婴闻之，为者常成，行者常至。"大意是，无论做什么事情，只要坚持去做，就常常能成功；想去某个地方，只要坚持不懈地走，就常常能到达。用在起名上，大宝的名字可以叫"常成"，二宝的名字可以叫"常至"。

第二节　宝宝起名实例详解

　　本节人名起名例子都是作者运用五维全息吉祥起名法根据被起名人的先天生辰五行、姓名数理、姓名意象、姓名形象、姓名音象五个方面策划的，读者通过阅读实例可以在生活中举一反三进行实践。

❋ 起名实例一：薛家昂

父亲	薛先生	孩子性别	男
母亲	李女士	孩子出生时间	2016年11月20日14时45分
起名要求	无		丙申年十月二十一日未时
出生时间对应四柱			丙 己 丙 乙 申 亥 午 未

生辰五行个数（不计藏干）与旺衰等级：1旺水、1木、3火、2土、1金，先天五行齐全。代表本人的日元丙火在立冬后的十月即亥月不得时令，因为冬季亥月是五行水旺盛的月份，但是日元丙火得时干乙木生，又得年干丙火帮助，还有日支午火之火种，八字地支午未相合有利，根据《周易》阴阳五行原理，起名数理意义吉祥对本人未来发展有积极心理暗示作用，为此起名如下：

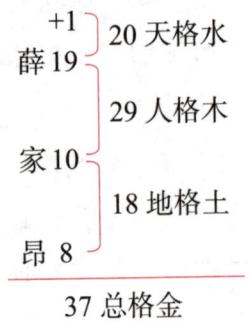

姓名创意解析：

薛：音 xuē，姓氏。因"薛"的草字头"艹"在《康熙字典》里归为6画的"艸"部，所以"薛"姓用于起名按照19画计算。

家：音 jiā，指家庭、家族。

昂：音 áng，意为高昂、轩昂、昂扬。

家昂：寓意为齐家治国，气宇轩昂。该姓名符合 NISS 命名法则，音、形、义配合得当，没有不吉不雅的谐音意义。

第二章 宝宝起名方法与实例

该姓名人格数、地格数及总格数意义：

29 数理暗示：智谋奇略，财利俱备，名闻海内，成就大业。

18 数理暗示：谨慎勿骄，机遇重来，有志竟成，博得名利。

37 数理暗示：权威显达，热诚忠信，宜养雅量，终身荣富。

❋ 起名实例二：何通滨

父亲	何先生	孩子性别	男
母亲	刘女士	孩子出生时间	2016年9月4日10时16分
起名要求	无		丙申年八月初四日巳时
出生时间对应四柱			丙 丙 己 己 申 申 丑 巳

生辰五行个数（不计藏干）与旺衰等级：0 水、0 木、3 火、3 土稍旺、2 金最旺。先天五行不全，缺水、木。代表本人的日元己土在八月即申月不得时令，因为秋季申月是五行金旺盛的月份，故称"金秋"，但是 3 火生日元己土，还有丑土之基础，根据《周易》阴阳五行原理，起名补木或水对本人未来发展有积极心理暗示作用，为此起名如下：

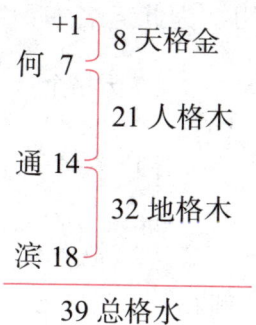

```
        +1 ┐
何  7    ├ 8 天格金
         ┘
         ┐
         ├ 21 人格木
通 14    ┘
         ┐
         ├ 32 地格木
滨 18    ┘
        39 总格水
```

姓名创意解析：

何：音 hé，姓氏。

通：音 tōng，意为懂得、彻底明了。

滨：音 bīn，指水边、近水的地方。

通滨：寓意为博古通今，到达成功彼岸。该姓名符合 NISS 命名法则，音、形、义配合得当，没有不吉不雅的谐音意义。

该姓名人格数、地格数及总格数意义：

21 数理暗示：为人尊仰，富贵荣华，立业兴家，大博名利。

32 数理暗示：荣幸多成，贵人得助，财帛丰裕，繁荣昌盛。

39 数理暗示：德泽四乡，富贵荣华，财源茂盛，光明坦途。

❋ 起名实例三：任乔莉

父亲	任先生	孩子性别	女
母亲	牛女士	孩子出生时间	2016年10月18日22时04分
起名要求	无		丙申年九月十八日亥时
出生时间对应四柱			丙 戊 癸 癸 申 戌 酉 亥

生辰五行个数（不计藏干）与旺衰等级：3 水、0 木、1 火、2 旺土、2 金较旺，五行不全，缺木，代表本人的日元癸水在秋季九月即戌月不得时令，但是有金生水，还有亥水之源，天干戊癸相合有利，根据《周易》阴阳五行原理，起名补木对本人未来发展有积极心理暗示作用，为此起名如下：

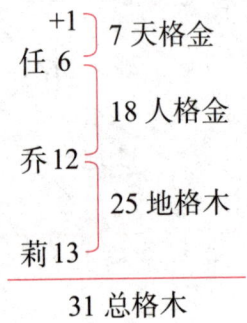

姓名创意解析：

任：音 rèn，姓氏。

乔：音 qiáo，指高大的乔木。

莉：音lì，茉莉。

乔莉：寓意为事业高升，芳香怡人。该姓名符合 NISS 命名法则，音、形、义配合得当，没有不吉不雅的谐音意义。

该姓名人格数、地格数及总格数意义：

18 数理暗示：谨慎勿骄，机遇重来，有志竟成，博得名利。

25 数理暗示：资性灵敏，才能奇特，诚信和气，自成大业。

31 数理暗示：智勇得志，博得名利，统领众人，成就大业。

❋ 起名实例四：屈尚节

父亲	屈先生	孩子性别	男
母亲	赵女士	孩子出生时间	2016 年 4 月 20 日 11 时 32 分
起名要求	无		丙申年三月十四日午时
		出生时间对应四柱	丙 壬 壬 丙 申 辰 申 午

生辰五行个数（不计藏干）与旺衰等级：2 水、0 木、3 火、1 旺土、2 金较旺，五行不全，缺木。代表本人的日元壬水在三月即辰月不得时令，因为辰月是五行土旺盛的时节，但是有金通关生水，这对日元壬水有利，根据《周易》阴阳五行原理，因此起名可以补木，且姓名数理意义吉祥对本人未来发展有积极心理暗示作用，为此起名如下：

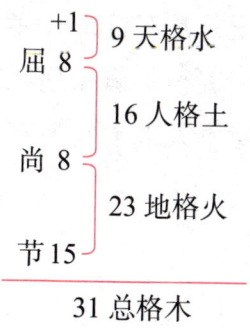

姓名创意解析：

屈：音 qū，姓氏。

尚：音 shàng，意为尊崇、高尚。

节：音 jié，指竹子或草木茎分枝长叶的部分、操守、气节。

屈尚节：寓意为不屈不挠，受人尊崇，高风亮节。该姓名符合 NISS 命名法则，音、形、义配合得当，没有不吉不雅的谐音意义。

该姓名人格数、地格数及总格数意义：

16 数理暗示：厚德载物，安富尊荣，财官双美，功成名就。

23 数理暗示：旭日东升，壮丽可观，逐步进展，功名荣达。

31 数理暗示：智勇得志，博得名利，统领众人，成就大业。

❀ 起名实例五：佟溪檬

父亲	佟先生	孩子性别	男
母亲	李女士	孩子出生时间	2004 年 7 月 15 日 8 时 16 分
起名要求	改名		甲申年五月廿八日辰时
	出生时间对应四柱		甲 辛 乙 庚 申 未 未 辰

生辰五行个数（不计藏干）与旺衰等级：0 水、2 木、0 火、3 旺土、3 金较旺，五行不全，缺水、火。代表本人的日元乙木在未月不得时令，因为未月是五行土旺盛的月份，天干乙庚相合有利，根据《周易》阴阳五行平衡原理，五行缺火无妨，缺水不利，所以改名补水强木对本人未来发展有积极心理暗示作用，为此改名如下：

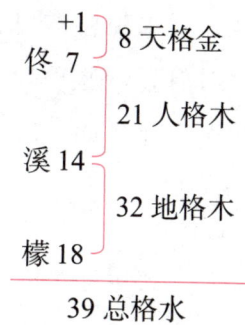

姓名创意解析：

佟：音 tóng，姓氏。

溪：音 xī，泛指小河流，象征财源。

檬：音 méng，指柠檬，象征有价值。

溪檬：寓意为有水滋润，财源不断，实现个人价值。该姓名符合 NISS 命名法则，音、形、义配合得当，没有不吉不雅的谐音意义。

该姓名人格数、地格数及总格数意义：

21 数理暗示：为人尊仰，富贵荣华，立业兴家，大博名利。

32 数理暗示：荣幸多成，贵人得助，财帛丰裕，繁荣昌盛。

39 数理暗示：德泽四乡，富贵荣华，财源茂盛，光明坦途。

❋ 起名实例六：邹棠宇

父亲	邹先生	孩子性别	男
母亲	何女士	孩子出生时间	2016 年 11 月 27 日 14 时 13 分
起名要求	无		丙申年十月二十八日未时
出生时间对应四柱			丙 己 癸 己 申 亥 丑 未

生辰五行个数（不计藏干）与旺衰等级：2 旺水、0 木、1 火、4 土较旺、1 金，五行缺木。代表本人的日元癸水在十月即

亥月得时令，因为亥月是五行水旺盛的月份，所以日元癸水处于旺的状态，根据《周易》阴阳五行原理，起名补木对本人未来发展有积极心理暗示作用，为此起名如下：

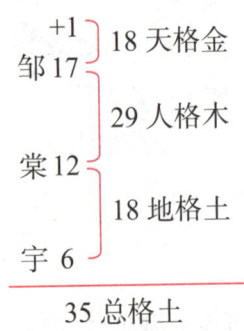

姓名创意解析：

邹：音 zōu，姓氏。

棠：音 táng，指一种乔木，即棠树。

宇：音 yǔ，意指风度、仪表气宇轩昂。

棠宇：寓意为栋梁之才，气宇轩昂。该姓名符合 NISS 命名法则，音、形、义配合得当，没有不吉不雅的谐音意义。

该姓名人格数、地格数及总格数意义：

29 数理暗示：智谋奇略，财利俱备，名闻海内，成就大业。

18 数理暗示：谨慎勿骄，机遇重来，有志竟成，博得名利。

35 数理暗示：温和平静，理智兼具，文昌技艺，成就非凡。

❀ 起名实例七：周钲博

父亲	周先生	孩子性别	男
母亲	万女士	孩子出生时间	2016 年 11 月 15 日 9 时 16 分
起名要求	无		丙申年十月十六日巳时
出生时间对应四柱			丙 己 辛 癸 申 亥 丑 巳

生辰五行个数（不计藏干）与旺衰等级：2 旺水、0 木、2 火、2 土囚弱、2 金偏弱，五行缺木。代表本人的日元辛金在立冬后十月即亥月不得时令，且 2 土处于"囚"弱状态，土生金之力不足，立冬以后，天气逐渐变冷，有火调候有利，年日天干有丙辛相合有利，根据《周易》阴阳五行原理，稍微弱的金不喜见木，所以五行缺木不需要补，起名加强土或金对本人未来发展有积极心理暗示作用，为此起名如下：

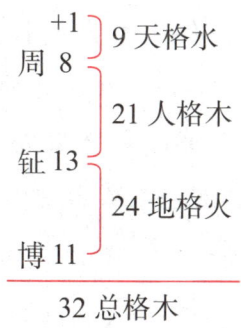

姓名创意解析：

周：音 zhōu，姓氏。

钲：音 zhēng，指古代一种用铜做的乐器，象征快乐。

博：音 bó，意为多、广、大。

钲博：寓意为人生快乐，博学多才。该姓名符合 NISS 命名法则，音、形、义配合得当，没有不吉不雅的谐音意义。

该姓名人格数、地格数及总格数意义：

21 数理暗示：为人尊仰，富贵荣华，立业兴家，大博名利。

24 数理暗示：锦绣前程，贵人得助，白手起家，财源广进。

32 数理暗示：荣幸多成，贵人得助，财帛丰裕，繁荣昌盛。

起名实例八：莫金奇

父亲	莫先生	孩子性别	男
母亲	黄女士	孩子出生时间	2017年1月26日6时43分
起名要求	无		丙申年十二月二十九日卯时
出生时间对应四柱			丙 辛 癸 乙
			申 丑 丑 卯

生辰五行个数（不计藏干）与旺衰等级：1水、2木、1火、2旺土、2金，五行齐全。代表本人的日元癸水在十二月即丑月不得时令，因为冬季丑月土旺，年天干和月天干丙辛相合有利，丙火暖身，辛金生水，这使日元癸水处于弱的状态，根据《周易》阴阳五行原理，起名加强水或金对本人未来发展有积极心理暗示作用，为此起名如下：

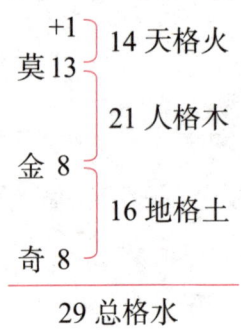

姓名创意解析：

莫：音 mò，姓氏。"莫"字部首为"艹"，共计为13画。

金：音 jīn，比喻尊贵、财富、有光泽等。

奇：音 qí，表示特殊的，如奇志、奇谋、奇迹。

金奇：寓意为金贵无比，创造奇迹。该姓名符合 NISS 命名法则，音、形、义配合得当，没有不吉不雅的谐音意义。

该姓名人格数、地格数及总格数意义：

21 数理暗示：为人尊仰，富贵荣华，立业兴家，大博名利。
16 数理暗示：厚德载物，安富尊荣，财官双美，功成名就。
29 数理暗示：智谋奇略，功利俱备，名闻海内，成就大业。

❋ 起名实例九：桂仪苒

父亲	桂先生	孩子性别	女
母亲	黄女士	孩子出生时间	2016年10月20日9时
起名要求	无		丙申年九月二十日巳时
出生时间对应四柱			丙 戊 乙 辛 申 戌 亥 巳

生辰五行个数（不计藏干）与旺衰等级：1水、1木、2火、2旺土、2金较旺，五行齐全。代表本人的日元乙木在秋季九月即戌月显然不得时令，但是地支有水通关滋生木，对女性来讲是好事，再加上"桂"姓更加符合本人五行所需，根据《周易》阴阳五行原理，起名加强木对本人未来发展有积极心理暗示作用，为此起名如下：

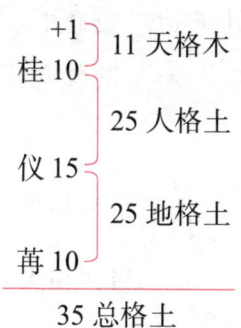

姓名创意解析：

桂：音 guì，姓氏。

仪：音 yí，指人的外表或举动。

苒：音 rǎn，形容草木茂盛的样子，如"苒苒齐芳草，飘飘笑断蓬";又指轻柔的样子,如"苒苒之柔茎"。

仪苒:寓意为仪态端庄,柔美可爱。该姓名符合NISS命名法则,音、形、义配合得当,没有不吉不雅的谐音意义。

该姓名人格数、地格数及总格数意义:

25数理暗示:资性灵敏,才能奇特,诚信和气,自成大业。

35数理暗示:温和平静,理智兼具,文昌技艺,成就非凡。

 起名实例十:郁茁祺

父亲	郁先生	孩子性别	男
母亲	贺女士	孩子出生时间	2016年11月27日12时23分
起名要求	无		丙申年十月廿八日午时
出生时间对应四柱			丙 己 癸 戊 申 亥 丑 午

五行个数(不计藏干)与旺衰等级:2旺水、0木、2火、3土、1金,五行不全,缺木。代表本人的日元癸水在十月即亥月得时令,因为亥月是五行水旺盛的月份,天干戊癸相合对本人有利,这使日元五行癸水处于相对较旺的状态,根据《周易》阴阳五行原理,起名补木对本人未来发展有积极心理暗示作用,为此起名如下:

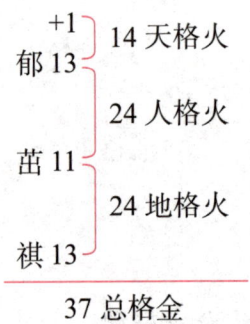

姓名创意解析：

郁：音 yù，姓氏。

茁：音 zhuó，意为茁壮、健壮。

祺：音 qí，意为吉祥。

茁祺：寓意为茁壮成长，吉祥如意。该姓名符合 NISS 命名法则，音、形、义配合得当，没有不吉不雅的谐音意义。

该姓名人格数、地格数及总格数意义：

24 数理暗示：锦绣前程，贵人得助，白手起家，财源广进。

37 数理暗示：权威显达，热诚忠信，宜养雅量，终身荣富。

❈ 起名实例十一：李梓萌、李梓绮（龙凤胎）

父亲	李先生	孩子性别	男、女
母亲	李女士	孩子出生时间	2016 年 10 月 21 日 15 时 30 分和 32 分
起名要求	龙凤胎起名		丙申年九月二十一日申时
出生时间对应四柱			丙 戊 丙 丙 申 戌 子 申

生辰五行个数（不计藏干）与旺衰等级：1 水、0 木、3 火、2 旺土、2 金较旺，五行不全，缺木。代表本人的日元丙火在秋季末九月即戌月不得时令，因为戌月是五行土旺盛的月份，只有年天干、时天干丙火帮助，所以日元五行丙火处于相对较弱的状态，根据《周易》阴阳五行原理，起名补木对本人未来发展有积极心理暗示作用，为此起名如下：

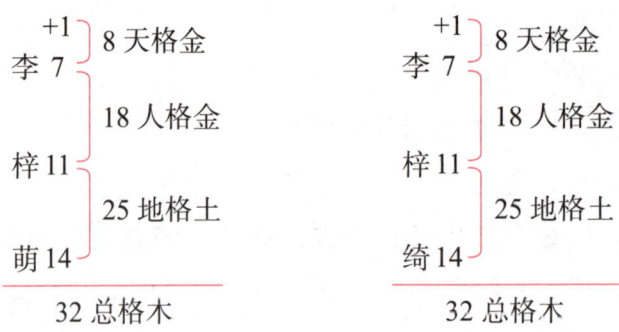

姓名创意解析：

李：音 lǐ，姓氏。

梓：音 zǐ，指一种有价值的树木，比喻成才。

萌：音 méng：本义是植物的芽，形容可爱、被人喜爱。

绮：音 qǐ，指美丽、绮丽。

梓萌：寓意栋梁之才，受人欢迎，得到拥护。

梓绮：寓意为实现个人价值，纯洁美丽。

该姓名皆符合 NISS 命名法则，音、形、义配合得当，没有不吉不雅的谐音意义。

该龙凤胎姓名人格数、地格数及总格数意义：

18 数理暗示：谨慎勿骄，机遇重来，有志竟成，博得名利。

25 数理暗示：资性灵敏，才能奇特，诚信和气，自成大业。

32 数理暗示：荣幸多成，贵人得助，财帛丰裕，繁荣昌盛。

❋ 起名实例十二：仁子沁

父亲	仁先生	孩子性别	女
母亲	李女士	孩子出生时间	2016 年 9 月 19 日 9 时 9 分
起名要求	无		丙申年八月十九日巳时
出生时间对应四柱			丙 丁 甲 己 申 酉 辰 巳

生辰五行个数（不计藏干）与旺衰等级：1木、0水、3火、2土、2旺金，五行不全，缺水。代表本人的日元甲木在八月即酉月不得时令，因为酉月是五行金旺盛的月份，甲木无生无助，所以日元甲木弱，根据《周易》阴阳五行原理，起名补水对本人未来发展有积极心理暗示作用，为此起名如下：

```
      +1
   仁 4 ┐
         ├ 5 天格水
         │
         ├ 7 人格金
   子 3 ┤
         ├ 11 地格木
   沁 8 ┘
   ─────────
   15 总格土
```

姓名创意解析：

仁：音 rén，姓氏。

子：音 zǐ，是对有文化有修养的人的尊称。"子"字五行属水。

沁：音 qìn，指使人感到清新和愉快、沁润、滋润。

子沁：寓意为涵养雅量，清新快乐，生活滋润。该姓名符合 NISS 命名法则，音、形、义配合得当，没有不吉不雅的谐音意义。

该姓名人格数、地格数及总格数意义：

7 数理暗示：刚毅果断，勇往直前，天赋之力，好奇心强。

11 数理暗示：万物更新，调顺发达，稳健泽世，繁荣富贵。

15 数理暗示：福寿圆满，涵养雅量，立业兴家，必有成就。

❋ 起名实例十三：戎淑颀

父亲	戎先生	孩子性别	女
母亲	何女士	孩子出生时间	2016年7月21日0时19分
起名要求	无		丙申年六月十八日子时
出生时间对应四柱			丙 乙 甲 甲 申 未 辰 子

生辰五行个数（不计藏干）与旺衰等级：1水、3木、1火、2旺土、1金，五行齐全。代表本人的日元甲木在六月即未月不得时令，因为未月是五行土旺盛的月份，五行中有3个木，1水生木，夏季六月，天气较热，需要用水调节，根据《周易》阴阳五行原理，起名加强水对本人未来发展有积极心理暗示作用，为此起名如下：

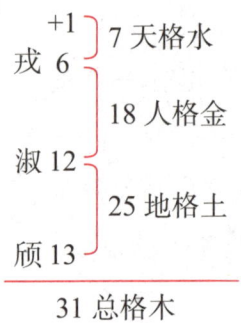

```
         +1
戎  6 ┐
      ├ 7 天格水
      │
淑 12 ┤ 18 人格金
      │
      ├ 25 地格土
颀 13 ┘
      31 总格木
```

姓名创意解析：

戎：音 róng，姓氏。

淑：音 shū，指具有美好、善良的品质。

颀（頎）：音 qí，形容个子高而苗条。

淑颀：寓意为美丽善良，气质高雅。该姓名符合 NISS 命名法则，音、形、义配合得当，没有不吉不雅的谐音意义。

该姓名人格数、地格数及总格数意义：

18 数理暗示：谨慎勿骄，机遇重来，有志竟成，博得名利。

25 数理暗示：资性灵敏，才能奇特，诚信和气，自成大业。

31 数理暗示：智勇得志，博得名利，统领众人，成就大业。

❋ 起名实例十四：覃奕桥、覃怡蓓（龙凤胎）

父亲	覃先生	孩子性别	男、女
母亲	刘女士	孩子出生时间	2016年11月25日9时36分和38分
起名要求	龙凤胎起名		丙申年十月廿六日巳时
出生时间对应四柱			丙 己 辛 癸 申 亥 亥 巳

生辰五行个数比例（不计藏干）与旺衰等级：3 旺水、0 木、2 火、1 土、2 金。代表本人的日元辛金在十月即亥月不得时令，因为亥月是五行水旺盛的月份，日元辛金得 1 己土生，得申金之基础，这使日元五行辛金处于相对平衡的状态，根据《周易》阴阳五行原理，起名补木对本人未来发展有积极心理暗示作用，为此起名如下：

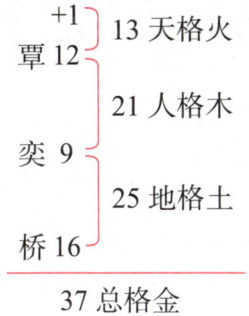

37 总格金

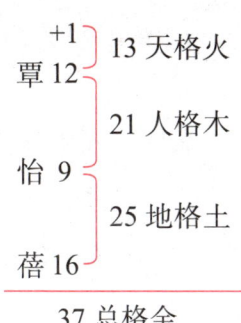

37 总格金

姓名创意解析：

覃：音 qín，姓氏。

奕：音 yì，意为光明。

桥：音 qiáo，指桥梁，可引申为有贵人相助。

怡：音 yí，指和悦、愉快，如"怡色"指容色和悦。

蓓：音 bèi，指蓓蕾，即花朵含苞待放，"金蓓锁春寒，恼人香未展"。

奕桥：寓意为神采奕奕，贵人相助。

怡蓓：寓意为怡然自乐，充满希望。

该姓名符合 NISS 命名法则，音、形、义配合得当，没有不吉不雅的谐音意义。

该龙凤胎姓名人格数、地格数及总格数意义：

21 数理暗示：为人尊仰，富贵荣华，立业兴家，大博名利。

25 数理暗示：资性灵敏，才能奇特，诚信和气，自成大业。

37 数理暗示：权威显达，热诚忠信，宜养雅量，终身荣富。

起名实例十五：袁嘉荷

父亲	袁先生	孩子性别	女
母亲	李女士	孩子出生时间	2016年12月6日14时22分
起名要求	无		丙申年十一月初八日未时
出生时间对应四柱			丙 己 壬 丁 申 亥 戌 未

生辰五行个数（不计藏干）与旺衰等级：2 旺水、0 木、2 火、3 土、1 金，五行不全，缺木。代表本人的日元壬水在十一月即亥月得时令，因为亥月是五行水旺盛的月份，天干丁壬相合有利，根据《周易》阴阳五行原理，起名补木对本人未来发展有积极心理暗示作用，为此起名如下：

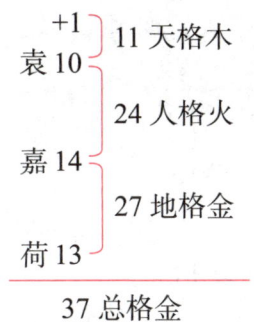

姓名创意解析：

袁：音 yuán，姓氏。

嘉：音 jiā，指美、善；赞许；吉庆，幸福；欢乐。

荷：音 hé，从艹，何声。荷花，象征品洁、高雅。

嘉荷：寓意为美好人生，纯洁高尚。该姓名符合 NISS 命名法则，音、形、义配合得当，没有不吉不雅的谐音意义。

该姓名人格数、地格数及总格数意义：

24 数理暗示：锦绣前程，贵人得助，白手起家，财源广进。

27 数理暗示：自信心强，意志坚定，愿望强烈，可以成功。

37 数理暗示：权威显达，热诚忠信，宜养雅量，终身荣富。

❋ 起名实例十六：袁歌笙

父亲	袁先生	孩子性别	男
母亲	李女士	孩子出生时间	2016 年 12 月 6 日 14 时 22 分 丙申年十一月初八日未时
起名要求	无		
		出生时间对应四柱	丙 己 壬 丁 申 亥 戌 未

生辰五行个数（不计藏干）与旺衰等级：2 旺水、0 木、2 火、3 土、1 金，五行不全，缺木。代表本人的日元壬水在十一月即亥月得时令，因为亥月是五行水旺盛的月份，天干丁壬相合

有利，根据《周易》阴阳五行原理，起名补木对本人未来发展有积极心理暗示作用，为此起名如下：

```
        +1 ┐
  袁 10    ├ 11 天格木
           ┘
           ┐
           │ 24 人格火
  歌 14    ┤
           │ 25 地格土
           ┘
  笙 11    ┘

        35 总格土
```

姓名创意解析：

袁：音 yuán，姓氏。

歌：音 gē，指歌唱、诗歌，"诗言志，歌咏言"。

笙：音 shēng，管乐器名，一般用 13 根长短不同的竹管制成。

歌笙：寓意为人生像首欢乐的歌。该姓名符合 NISS 命名法则，音、形、义配合得当，没有不吉不雅的谐音意义。

该姓名人格数、地格数及总格数意义：

24 数理暗示：锦绣前程，贵人得助，白手起家，财源广进。

25 数理暗示：资性灵敏，才能奇特，诚信和气，自成大业。

35 数理暗示：温和平静，理智兼具，文昌技艺，成就非凡。

✽ 起名实例十七：刘时雨

父亲	刘先生	孩子性别	女
母亲	夏女士	孩子出生时间	2017年4月8日8时3分
起名要求	无		丁酉年三月十二日辰时
		出生时间对应四柱	丁 甲 乙 庚 酉 辰 丑 辰

生辰五行个数（不计藏干）与旺衰等级：0 水、2 木、1 火、3 旺土、2 金，五行不全，缺水。代表本人的日元乙木在三月即

辰月不得时令，因为辰月是五行土旺盛的月份，天干乙庚相合有利，根据《周易》阴阳五行原理，起名补水对本人未来发展有积极心理暗示作用，为此起名如下：

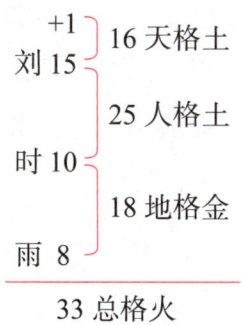

姓名创意解析：

刘（劉）：音 liú，姓氏，笔画数为15。

时（時）：音 shí，意为及时、时序。笔画数为10。

雨：音 yǔ，指雨水，"春雨贵如油"。

时雨：寓意为春雨及时，滋润万物。该姓名符合 NISS 命名法则，音、形、义配合得当，没有不吉不雅的谐音意义。

该姓名人格数、地格数及总格数意义：

25 数理暗示：资性灵敏，才能奇特，诚信和气，自成大业。

18 数理暗示：谨慎勿骄，机遇重来，有志竟成，博得名利。

33 数理暗示：旭日东升，鸾凤相会，才德双全，家门昌隆。

❈ 起名实例十八：王一朵

父亲	王先生	孩子性别	女
母亲	何女士	孩子出生时间	2017年1月11日22时3分
起名要求	无		丙申年十二月十四日亥时
出生时间对应四柱			丙 辛 戊 癸 申 丑 戌 亥

五行个数（不计藏干）与旺衰等级：2水、0木、1火、3旺土、2金，五行不全，缺木。代表本人的日元戊土在十二月即丑月得时令，因为丑月是五行土旺盛的月份，天干戊癸相合有利，丙辛相合也好，日元戊土得2土帮助，得1火生，这使日元五行戊土处于较旺的状态，根据《周易》阴阳五行原理，起名补木对本人未来发展有积极心理暗示作用，为此起名如下：

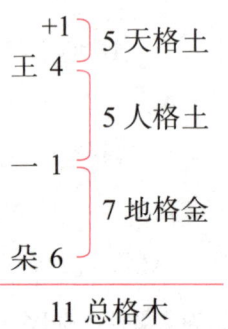

姓名创意解析：

王：音 wáng，姓氏。

一：音 yī，这里指纯、专、一心一意。

朵：音 duǒ，指花朵，象征纯洁美丽。

一朵：寓意为一朵鲜艳、美丽的花儿。该姓名符合NISS命名法则，音、形、义配合得当，没有不吉不雅的谐音意义。

该姓名人格数、地格数及总格数意义：

5数理暗示：五行俱全，循环相生，圆通畅达，福寿集成。

7数理暗示：刚毅果断，勇往直前，天赋之力，好奇心强。

11数理暗示：万物更新，调顺发达，稳健泽世，繁荣富贵。

起名实例十九：李介然

父亲	李先生	孩子性别	男
母亲	黄女士	孩子出生时间	2017年2月11日7时13分
起名要求	无		丁酉年正月十五日辰时
出生时间对应四柱			丁 壬 己 戊
			酉 寅 巳 辰

五行个数（不计藏干）与旺衰等级：1水、1旺木、2火、3土、1金，五行齐全，代表本人的日元己土在正月即寅月不得时令，因为寅月是五行木旺盛的月份，天干丁壬相合有利，五行中有3土，又有1火生土，这使日元五行己土处于相对平衡的状态，根据《周易》阴阳五行原理，起名数理意义吉祥对本人未来发展有积极心理暗示作用，为此起名如下：

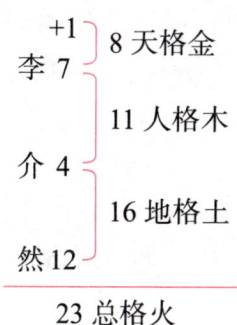

姓名创意解析：

李：音 lǐ，姓氏。

介：音 jiè，这里指耿介、耿直。

然：音 rán，意为这样、答应。

介然：寓意为耿直守信，万事如意。该姓名符合 NISS 命名法则，音、形、义配合得当，没有不吉不雅的谐音意义。

该姓名人格数、地格数及总格数意义：

11 数理暗示：万物更新，调顺发达，稳健泽世，繁荣富贵。

16 数理暗示：厚德载物，安富尊荣，财官双美，功成名就。

23 数理暗示：旭日东升，壮丽可观，逐步进展，功名荣达。

❊ 起名实例二十：农经邦

父亲	农先生	孩子性别	男
母亲	贺女士	孩子出生时间	2017年1月16日16时40分
起名要求	无		丙申年十二月十九日申时
出生时间对应四柱			丙 辛 癸 庚 申 丑 卯 申

　　五行个数（不计藏干）与旺衰等级：1水、1木、1火、1旺土、4金，五行齐全，代表本人的日元癸水在十二月即丑月不得时令，因为丑月是五行土旺盛的月份，日元癸水得4金生，天干丙辛相合则吉，冬季天冷，有丙火暖身，这使日元五行癸水由弱转向相对不旺不衰的状态，根据《周易》阴阳五行原理，起名数理意义吉祥对本人未来发展有积极心理暗示作用，为此起名如下：

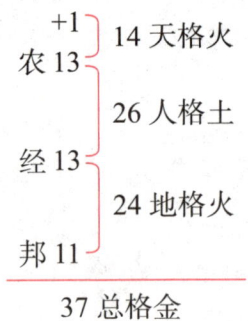

姓名创意解析：

农：音 nóng，姓氏。

经：音 jīng，指治理、管理。

邦：音 bāng，指邦国。

经邦：寓意为经纶济世，国家栋梁。该姓名符合 NISS 命名法则，音、形、义配合得当，没有不吉不雅的谐音意义。

该姓名人格数、地格数及总格数意义：

26 数理暗示：常出豪杰，波澜起伏，义气侠情，必建大功。

24 数理暗示：锦绣前程，贵人得助，白手起家，财源广进。

37 数理暗示：权威显达，热诚忠信，宜养雅量，终身荣富。

❋ 起名实例二十一：杜雪嫣

父亲	杜先生	孩子性别	女
母亲	梅女士	孩子出生时间	2017年1月17日6时58分
起名要求	无		丙申年十二月二十日卯时
出生时间对应四柱			丙 辛 甲 丁
			申 丑 辰 卯

五行个数（不计藏干）与旺衰等级：0 水、2 木、2 火、2 旺土、2 金，五行不全，缺水。代表本人的日元甲木在十二月即丑月不得时令，因为丑月是五行土旺盛的月份，天干丙辛相合有利，日元甲木得卯木帮助，这使日元五行甲木处于相对平衡的状态，根据《周易》阴阳五行原理，起名补水对本人未来发展有积极心理暗示作用，为此起名如下：

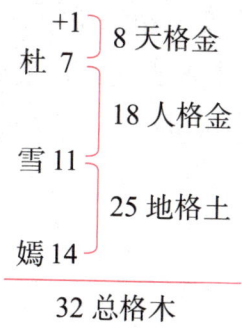

姓名创意解析：

杜：音 dù，姓氏。

雪：音 xuě，指雪花，象征洁白。

嫣：音 yān，形容容貌美好、笑容可爱。

雪嫣：寓意为纯洁美丽，生活幸福。该姓名符合 NISS 命名法则，音、形、义配合得当，没有不吉不雅的谐音意义。

该姓名人格数、地格数及总格数意义：

18 数理暗示：谨慎勿骄，机遇重来，有志竟成，博得名利。

25 数理暗示：资性灵敏，才能奇特，诚信和气，自成大业。

32 数理暗示：荣幸多成，贵人得助，财帛丰裕，繁荣昌盛。

❋ 起名实例二十二：廖品淏

父亲	廖先生	孩子性别	男
母亲	黄女士	孩子出生时间	2017年1月23日6时58分
起名要求	无		丙申年十二月廿六日卯时
出生时间对应四柱			丙 辛 庚 己
			申 丑 戌 卯

五行个数（不计藏干）与旺衰等级：0 水、1 木、1 火、3 旺土、3 金，五行不全，缺水。代表本人的日元庚金在十二月即丑月不得时令，因为丑月是五行土旺盛的月份，天干丙辛相合有利，有 3 土生庚金，又有辛金帮助庚金，还得申金之基地，这使日元五行庚金处于相对旺盛的状态，根据《周易》阴阳五行原理，起名补水对本人未来发展有积极心理暗示作用，为此起名如下：

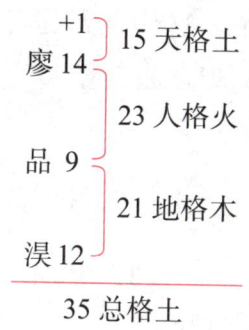

姓名创意解析：

廖：音 liào，姓氏。

品：音 pǐn，指品质、品德。

淏：音 hào，形容水清的样子。

品淏：寓意为品德高尚，清正廉洁。该姓名符合 NISS 命名法则，音、形、义配合得当，没有不吉不雅的谐音意义。

该姓名人格数、地格数及总格数意义：

23 数理暗示：旭日东升，壮丽可观，逐步进展，功名荣达。

21 数理暗示：为人尊仰，富贵荣华，立业兴家，大博名利。

35 数理暗示：温和平静，理智兼具，文昌技艺，成就非凡。

❀ 起名实例二十三：黎翰潮

父亲	黎先生	孩子性别	男
母亲	倪女士	孩子出生时间	2017 年 1 月 31 日 6 时 58 分
起名要求	无		丙申年正月初四日卯时
出生时间对应四柱			丙 辛 戊 乙 申 丑 午 卯

　　五行个数（不计藏干）与旺衰等级：0 水、2 木、2 火、2 土、2 金，五行不全，缺水。代表本人的日元戊土在丑月得时令，因为丑月是五行土旺盛的月份，天干丙辛相合有利，日元戊土得

1土帮助，又有2火生土，这使日元五行戊土处于旺盛的状态，根据《周易》阴阳五行原理，起名补水对本人未来发展有积极心理暗示作用，为此起名如下：

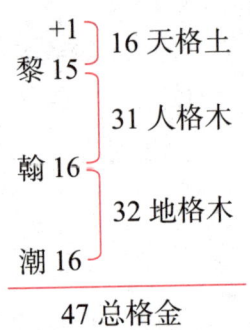

```
        +1
            16 天格土
    黎 15
            31 人格木
    翰 16
            32 地格木
    潮 16
        47 总格金
```

姓名创意解析：

黎：音 lí，姓氏。

翰：音 hàn，本义指长而坚硬的羽毛，借指毛笔和文字、书籍等。

潮：音 cháo，指潮流。

翰潮：寓意为学识渊博，领军人才。该姓名符合NISS命名法则，音、形、义配合得当，没有不吉不雅的谐音意义。

该姓名人格数、地格数及总格数意义：

31数理暗示：智勇得志，博得名利，统领众人，成就大业。

32数理暗示：荣幸多成，贵人得助，财帛丰裕，繁荣昌盛。

47数理暗示：开花结果，祥瑞吉利，进退攻守，皆有成就。

✱ 起名实例二十四：李我征

父亲	李先生	孩子性别	男
母亲	黄女士	孩子出生时间	1994年8月19日9时23分
起名要求	改名		甲戌年七月十三日巳时
出生时间对应四柱			甲 壬 丁 乙 戌 申 丑 巳

五行个数（不计藏干）与旺衰等级：1 水、2 木、2 火、2 土、1 旺金，五行齐全，代表本人的日元丁火在七月即申月不得时令，因为申月是五行金旺盛的月份，天干丁壬相合有利，日元丁火得 2 木生，得 1 巳火帮助，这使日元五行丁火处于相对平衡的状态，根据《周易》阴阳五行原理，改名数理意义吉祥对本人未来人生更有积极诱导作用，为此改名如下：

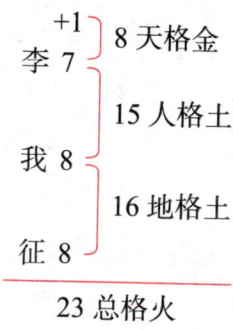

姓名创意解析：

李：音 lǐ，姓氏。

我：音 wǒ，自称，自己。

征：音 zhēng，意为出征、征服。

我征：寓意为自我肯定，征服大众。该姓名符合 NISS 命名法则，音、形、义配合得当，没有不吉不雅的谐音意义。

该姓名人格数、地格数及总格数意义：

15 数理暗示：福寿圆满，涵养雅量，立业兴家，必有成就。

16 数理暗示：厚德载物，安富尊荣，财官双美，功成名就。

23 数理暗示：旭日东升，壮丽可观，逐步进展，功名荣达。

起名实例二十五：于正宸

父亲	于先生	孩子性别	男
母亲	黄女士	孩子出生时间	2017年3月7日17时58分
起名要求	无		丁酉年二月初十日酉时
出生时间对应四柱			丁 癸 癸 辛 酉 卯 巳 酉

五行个数（不计藏干）与旺衰等级：2水、1旺木、2火、0土、3金，五行不全，缺土。代表本人的日元癸水在二月即卯月不得时令，因为春季卯月是五行木旺盛的月份，日元癸水得3金生，得1水帮助，这使日元五行癸水处于相对平衡的状态，根据《周易》阴阳五行原理，起名补土对本人未来发展有积极心理暗示作用，为此起名如下：

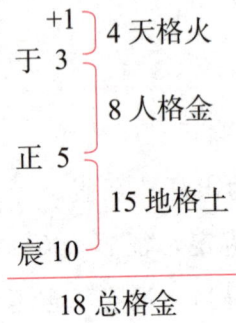

```
       +1 ⎫ 4 天格火
  于 3  ⎭
          ⎫ 8 人格金
  正 5  ⎬
          ⎫ 15 地格土
  宸 10 ⎭
  ─────────
  18 总格金
```

姓名创意解析：

于：音 yú，姓氏。

正：音 zhèng，这里指正直、正派，如"平心持正"。

宸：音 chén，指北极星所在，后借指帝王所居，又引申为王位、帝王的代称。

正宸：寓意为正直无私，权高位重。该姓名符合 NISS 命名法则，音、形、义配合得当，没有不吉不雅的谐音意义。

该姓名人格数、地格数及总格数意义：

8 数理暗示：八卦之数，努力发达，志刚意坚，遂成大功。

15 数理暗示：福寿圆满，涵养雅量，立业兴家，必有成就。

18 数理暗示：谨慎勿骄，机遇重来，有志竟成，博得名利。

❋ 起名实例二十六：慕钟润

父亲	慕先生	孩子性别	男
母亲	王女士	孩子出生时间	2017 年 1 月 16 日 12 时 30 分
起名要求	无		丙申年十二月十九日午时
出生时间对应四柱			丙 辛 癸 戊 申 丑 卯 午

五行个数（不计藏干）与旺衰等级：1 水、1 木、2 火、2 旺土、2 金，五行齐全，代表本人的日元癸水在十二月即丑月不得时令，因为丑月是五行土旺盛的月份，天干丙辛、戊癸相合有利，日元癸水得 2 金生，这使日元五行癸水处于相对稍弱的状态，根据《周易》阴阳五行原理，起名加强水对本人未来发展有积极心理暗示作用，为此起名如下：

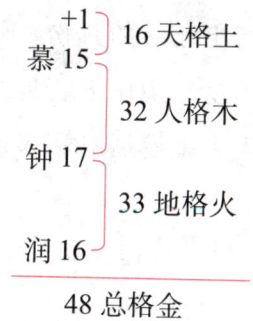

姓名创意解析：

慕：音 mù，姓氏。

钟：音 zhōng，指金属制成的响器，中空，敲时发声。

润：音 rùn，意为滋润、圆润。

钟润：寓意为金钟如意，生活滋润，美满幸福。该姓名符合 NISS 命名法则，音、形、义配合得当，没有不吉不雅的谐音意义。

该姓名人格数、地格数及总格数意义：

32 数理暗示：荣幸多成，贵人得助，财帛丰裕，繁荣昌盛。

33 数理暗示：旭日东升，鸾凤相会，才德双全，家门昌隆。

48 数理暗示：德智兼备，鹤立鸡群，量大荣达，名利双收。

❋ 起名实例二十七：飞安盛淳

父亲	飞安先生	孩子性别	男
母亲	梅女士	孩子出生时间	2004年7月15日7时30分
起名要求	改名		甲申年五月廿八日辰时
	出生时间对应四柱		甲 辛 乙 庚 申 未 未 辰

五行个数（不计藏干）与旺衰等级：0水、2木、0火、3旺土、3金，五行不全，缺水、火。代表本人的日元乙木在未月不得时令，因为未月是五行土旺盛的月份，天干乙庚相合有利，辛金克乙木不利，根据《周易》阴阳五行原理，五行缺火无妨，缺水不利，改名补水对本人未来发展有积极心理暗示作用，为此改名如下：

飞 9 ┐
　　 ├ 15 天格土
安 6 ┤
　　 ├ 18 人格金
盛 12 ┤
　　 ├ 24 地格火
淳 12 ┘

39 总格水

姓名创意解析：

飞安：音 fēi ān，姓氏。

盛：音 shèng，意为丰富、华美、兴旺。

淳：音 chún，意为朴实、淳朴。

盛淳：寓意为成就巨大，质朴敦厚。该姓名符合 NISS 命名法则，音、形、义配合得当，没有不吉不雅的谐音意义。

该姓名人格数、地格数及总格数意义：

18 数理暗示：谨慎勿骄，机遇重来，有志竟成，博得名利。

24 数理暗示：锦绣前程，贵人得助，白手起家，财源广进。

39 数理暗示：德泽四乡，富贵荣华，财源茂盛，光明坦途。

❋ 起名实例二十八：应豪

父亲	应先生	孩子性别	男
母亲	李女士	孩子出生时间	2017年1月25日3时30分
起名要求	无		丙申年十二月廿八日寅时
出生时间对应四柱			丙 辛 壬 壬 申 丑 子 寅

五行个数（不计藏干）与旺衰等级：3 水、1 木、1 火、1 旺土、2 金，五行齐全，代表本人的日元壬水在十二月即丑月不得时令，因为丑月是五行土旺盛的月份，天干丙辛相合，日元壬水得 2 水帮助，又有辛金通关生壬水，还有子水之源，地支子丑相合，这使日元五行壬水处于相对平衡的状态，根据《周易》阴阳五行原理，起名数理意义吉祥对本人未来发展有积极心理暗示作用，为此起名如下：

```
        +1 ┌ 18 天格金
    应 17 ┤
           │  31 人格木
    豪 14 ┤
        +1 └ 15 地格土

         31 总格木
```

姓名创意解析：

应：音 yīng，姓氏，按"應"计算笔画数为17。

豪：音 háo，指具有杰出才能的人，豪杰、英豪。

应豪：寓意为英豪人士。该姓名符合 NISS 命名法则，音、形、义配合得当，没有不吉不雅的谐音意义。

该姓名人格数、地格数及总格数意义：

31 数理暗示：智勇得志，博得名利，统领众人，成就大业。

15 数理暗示：福寿圆满，涵养雅量，立业兴家，必有成就。

❈ 起名实例二十九：於沁呦

父亲	於先生	孩子性别	女
母亲	黄女士	孩子出生时间	2014年8月5日12时38分
起名要求	改名		甲午年七月初十日午时
出生时间对应四柱			甲 辛 戊 戊 午 未 申 午

五行个数（不计藏干）与旺衰等级：0水、1木、2火、3旺土、2金，五行不全，缺水。代表本人的日元戊土在七月即未月得时令，因为未月是五行土旺盛的月份，日元戊土有2土帮助，又有2火生土，所以日元戊土非常旺盛，根据《周易》阴阳五行原理，改名补水对本人未来发展有积极心理暗示作用，为此改名如下：

```
       +1 ┐ 9 天格水
    於 8 ┤
           ├ 16 人格土
    沁 8 ┤
           ├ 16 地格土
    呦 8 ┘
         24 总格火
```

姓名创意解析：

於：音 yú，姓氏。

沁：音 qìn，意为渗入、浸润。

呦：音 yōu，语气词，相当于"啊"，名字中有"呦"字的名人有诺贝尔奖者获得者、女科学家屠呦呦。

沁呦：寓意为圆润聪明，生活幸福。该姓名符合 NISS 命名法则，音、形、义配合得当，没有不吉不雅的谐音意义。

该姓名人格数、地格数及总格数意义：

16 数理暗示：厚德载物，安富尊荣，财官双美，功成名就。

24 数理暗示：锦绣前程，贵人得助，白手起家，财源广进。

第三章 企业、店铺、产品起名技巧与实例

第三章
企业、店铺、产品起名技巧与实例

根据《企业名称登记管理规定》和《企业名称登记管理实施办法》，企业、公司的名称应当由行政区划、字号、行业、组织形式依次组成。其中，企业名称应当冠以企业所在地省（自治区、直辖市，下同）或者市（州，下同）或者县（市辖区，下同）行政区划名称；企业名称中的字号应当由两个以上的字组成，企业有正当理由可以使用本地或者异地名作字号，但不得使用县以上行政区划名称作字号，私营企业可以使用投资人姓名作字号。例如"上海文阁新世纪信息传媒有限公司"，其中，"上海"为行政区划，"文阁新世纪"为字号，"信息传媒"为行业，"有限公司"为组织形式。企业集团的名称，其构成为：行政区划＋字号＋行业＋"集团"字样，或者是：字号＋行业＋"集团"字样，如"北京阳光壹佰置业集团有限公司"，其中，"北京"为行政区划，"阳光壹佰"为字号，"置业"为行业，"集团有限公司"为组织形式。企业设立分支机构的，企业及其分支机构的企业名称应当符合下列规定：不能独立承担民事责任的分支机构，其企业名称应当冠以其所从属企业的名称，缀以"分公司""分厂""分店"等字词，并标明该分支机构的行业和所在地行政区划名称或者地名，但其行业与其所从属的企业一致的，可以从略；能够独立承担民事责任的分支机构，应当使用独立的企业名称，并可以使用其所从属企业的企业名称中的字号。

根据相关法规，下列企业，可以申请在企业名称中使用"中国""中华"或者冠以"国际"字词：

（1）全国性公司；

（2）国务院或其授权的机关批准的大型进出口企业；

（3）国务院或者授权的机关批准的大型企业集团；

（4）国家工商行政管理局规定的其他企业。

根据《企业名称登记管理实施办法》第十三条：经国家工商行政管理总局核准，符合下列条件之一的企业法人，可以使用不含行政区划的企业名称：

（1）国务院批准的；

（2）国家工商行政管理总局登记注册的；

（3）注册资本（或注册资金）不少于5000万元人民币的；

（4）国家工商行政管理总局另有规定的。

例如"中远海运控股股份有限公司"，其中，"中远"为字号，"海运控股"为行业特点，"股份有限公司"为组织形式。

根据《个体工商户名称登记管理办法》，个体工商户名称由行政区划、字号、行业、组织形式依次组成。其中，行政区划是指个体工商户所在县（市）和市辖区名称，之后可以缀以个体工商户经营场所所在地的乡镇、街道或者行政村、社区、市场名称。经营者姓名可以作为个体工商户名称中的字号使用。县级以上行政区划不得用作字号，但行政区划的地名具有其他含义的除外。行业应当反映其主要经营活动内容或者经营特点。组织形式可以选用"厂""店""馆""部""行""中心"等字样，但不得使用"企业""公司"和"农民专业合作社"字样。"中国""中华""全国""国家""国际"等字词不能用于个体户名称。

《企业名称登记管理实施办法》第七条："企业名称中不得含有另一个企业名称。"第十八条规定："企业名称应当符合与同一工商行政管理机关核准或者登记注册的企业名称中字号不相同。"中国现有2000多万家大中小企业，这些企业不能重名，甚至连企业简称重名，也可能惹上官司。

第三章
企业、店铺、产品起名技巧与实例

第一节　企业、店铺、产品起名技巧

❈ 根据地名简称、地理位置或地方特色策划名号

根据地名简称、地理位置或地方特色策划名号，是现代社会常用的较为直接的起名技巧。这里以与梯田有关的名号为例。梯田是沿着山坡开辟的一级一级的农田，形状像阶梯，边缘筑有田埂，防止水土流失。各地的梯田特色不同，浙江省丽水市云和县的梯田具有体量大、震撼力强、四季景观独特等特点，是华东地区最大的梯田群。云和梯田景区内有梯田、云海、山村、竹海、溪流、瀑布、雾凇等自然景观，被称为"中国最美梯田"。2010年，祖籍云和的年近六旬的华商姚南山先生，告别自己的3个孩子，放下他在国外的产业，离开了生活30多年之久的西班牙南部第一大城市塞维利亚，回到祖辈生活的故土，在云和梯田上，与一名土生土长的59岁农妇刘丽娟女士邂逅，后来喜结良缘。辛苦大半辈子的刘丽娟想把梯田边的老房子拆了改造成民宿，让旅游到此的人们在这里也能找到家的感觉，这与姚南山内心的想法不谋而合。姚南山懂得企业经营，他认为云和梯田旅游产业的链条正在完善，发展民宿会有一个好的前景。于是，这位外籍华商将农家乐和民宿结合起来，打造出了欧式风情旅馆，并为旅馆取了一个动听的名字——云和梯田驿栈。另外，广东省清远市连山壮族瑶族自治县太保镇欧家村周围有呈 M 字型分布的梯田，欧家梯田气势磅礴、绵延近 3000 米，是广东省规模最大、最原生态的梯田。从被誉为"广东岭南屋脊"的连山最高山峰"大雾山"（因山上终日云雾缭绕而得名）的山脊处望去，层层叠叠的

梯田依着山势延绵而下，曲线玲珑，势险多变，以险、秀、奇著称，可谓十步一景。2011年，雷先生在欧家村创办连山县第一家集住宿、饮食、土特产销售于一体的农家乐旅馆，为其取名叫欧家梯田驿站。

❋ **根据人的姓名策划名号**

采用人名当企业名、公司名、店铺名、网店名、产品名，这是最原始的起名技巧。传统命名方式是"创始人或历史人物的姓氏＋记"或"行业＋姓名"，现在则是"行政区划名＋姓名＋行业＋组织形式"，例如王星记扇庄（原名"王星斋扇庄"）、王致和酱园、老舍茶馆、张小泉刀剪店、东坡酒家、上海鸿翔时装店（创始人金鸿翔）、嫦娥衣饰店、刘三姐集团公司（黄婉秋创办）、广东李宁体育用品有限公司等。

外国人采用姓名给企业产品命名方式也特别多，例如，德国阿迪达斯（Adidas）品牌创办人 Adolf Adi Dassler（阿道夫·阿迪·达斯勒）先生用他的名字昵称 Adi 和姓氏 Dassler 的头三个字母组合出品牌名"adidas"；生产名贵汽车的英国劳斯莱斯（Rolls－Royce）汽车公司名称是由创始人劳斯先生和莱斯先生两人的姓氏合成而来的；法国著名化妆品欧莱雅（L'Oréal）集团下的露华浓（REVLON）公司名称是由其创始人 Revson 兄弟和化学家 Lachman 的两个姓合成，以 Lachman 的第一个字母"L"取代 Revson 中的"s"；世界最负盛名的哈洛德（Harrods）百货公司名源自创立者 Charles Henry Harrod（查尔斯·亨利·哈洛德）；英国著名的 Barclays Bank（巴克莱银行）是1736年以 James Barclay 的名字命名的。此外，世界上第二大传媒娱乐企业华特迪士尼公司（The Walt Disney Company）和美国福特汽车公司（Ford Motor Company）都是以其创始人的姓名命名的。

第三章
企业、店铺、产品起名技巧与实例

根据《企业名称登记管理规定》与工商企字〔2002〕第 3 号《关于企业名称使用有关问题的答复》，对党和国家领导人、老一辈革命家、名人姓氏使用规定是：企业在自己的名称中使用与党和国家领导人、老一辈革命家以及名人相同姓氏作为字号的，如果该姓氏为该企业自然人、投资人姓氏，并且在广告、宣传和经营活动中，未因使用其名称，让社会误认为该企业与某位领导人、老一辈革命家以及名人有关或有损其形象或利益的，工商登记机关不应禁止企业使用其名称。如果该姓氏不是该企业自然人、投资人姓氏，应不准其使用。

✵ 借用动植物名策划名号

有不少企业名或产品名是以动物名称命名的。德国人 Rudolf Dassler（鲁道夫·达斯勒）于 1948 年创立了 Puma 品牌，Puma 的中文名是彪马，意为美洲狮，这个品牌就是以动物名称命名的。骆驼是被称为"沙漠之舟"的动物，2005 年，万金刚先生借用骆驼之名在佛山市南海区工商行政管理局登记注册了广东骆驼服饰有限公司，主要从事"骆驼"（英文商标 CAMEL）产品生产研发、加工、制造、销售等综合业务，其中，家喻户晓的骆驼鞋是骆驼品牌旗下产品之一。"龙"是中国传统的吉祥动物，笔者前几年为生产轻钢龙骨、塑料管的朋友起产品名叫时代龙，彰显龙的精神与形象。

也有借用植物名为企业或产品命名的。牡丹在我国被誉为"富贵花""花中之王"，1990 年 2 月 16 日，北京电视机厂与北京电子显示设备厂合并后改制，成立了以牡丹命名的北京牡丹电子集团有限责任公司，创造了当时家喻户晓的牡丹电视品牌。

✵ 根据五行数理组合汉字策划名号

汉字具有集声音、形象和意义于一体的特性，所以是音、

形、义的结合体，大多数汉字是由形旁和声旁组成的，这类汉字都属于形声字，有些汉字属于会意字，如"日"和"月"组合成"明"、"人"和"言"合成"信"、三个"人"组成"众"、三个"火"组成"焱"、三个"木"组成"森"、三个"日"组成"晶"、三个"水"组成"淼"、三个"口"组成"品"等。汉字是中华文化瑰宝，教育部、国家语言文字工作委员会组织制定的《通用规范汉字表》共收录汉字 8105 个，是当今通用规范字集，体现出现代通用汉字在字量、字级和字形等方面的规范。

汉字是世界上使用人数最多的文字，利用汉字创造一个新名称不能随意组合，主要要根据汉字笔画数理意义进行取舍。汉字的最小构成单位是笔画，笔画最少的汉字"一"只有一画，《通用规范汉字表》中笔画数最多的汉字"齉"（音 nàng）有 36 画。起名采用的汉字笔画数通常按照繁体字的笔画数计算，比如，用"时"字起名，其笔画数就按照繁体字"時"计为 10 画，照此类推，"代"是 5 画，"龙"的笔画数按照繁体字"龍"计为 16 画，那么，"时代龙"这个名称的总数理为 31，暗示意义为：智勇得志，博得名利，统领众人，成就大业。

再举个例子，袁先生要起一个店名，该店经营范围是港式奶茶、食品，起名步骤如下：

袁先生出生于公历 1992 年 7 月 14 日 10 时 29 分（农历壬申年六月十五日巳时）

对应四柱如下：

壬　丁　辛　癸
申　未　卯　巳

五行个数（不计藏干）与旺衰等级为：2 水、1 木、2 火、1 旺土、2 金，五行齐全，代表本人的日元辛金在六月即未月得生，因为未月是五行土旺盛的月份,土生金,得申金之根基,还有丁壬相合之利,所以日元辛金较旺,金旺喜见木,木代表财富。

据此,给袁先生店铺起吉祥名"壹禾"。"壹"从字形上看含有"豆"字,豆类是有营养的食物。谷类植物统称为禾,"禾,木也"。"壹"笔画为12画,"禾"为5画,总数为17,数理暗示意义:刚毅坚强,宜养柔德,克服困难,必获成功。

✽ 根据外文词语的音义策划名号

为了取一个较好的中文名称,先找一个好意义的外文词语,按照意译方式策划名号,即根据外文词汇的自身意义翻译成中文名字。例如,上海赛达生物药业有限公司的药品商标Celstar(赛达)是由cell(意为"细胞")与star(意为"星")音译而来的。多威体育用品有限公司的运动鞋商标"Do-win多威"可谓一名双关,是把英文do与win两个单词连在一起作为英文商标,该公司的广告语"I do,I win"就是对这个商标命名的解释,意思是"只要做,就能赢"或者"只要做,就能成功"。

外文名称也有按照外文词汇意译与音译相结合的方式策划名号的,例如,Nivea(妮维雅)是德国拜尔斯道夫公司护肤品与身体护理品品牌,品牌命名灵感来源于拉丁语niveus(意为"雪白"),使人产生美好的联想,十分符合产品的特点,诸如此类的还有PepsiCola(百事可乐)、CocaCola(可口可乐)、Pampers(帮宝适)、Benz(奔驰)。

20世纪初,许多西方品牌策划者喜欢用拉丁语、希腊语等古老的语言来命名。随着时代的发展,英语、法语、德语、意大利语等语言越来越受欢迎,我们可以利用各国词语激发命名灵感。我国台湾有一家茶楼,其英文名是Be for time,中文名叫"避风塘",中英名称都含蓄,妙语双关,的确不错。像这样的名称还有喜乐（Cheerio）、莱福（Life）、哈爱（Hi）、司麦脱（Smart）、娜依丝（Nice）、威尔（Well）、亨纳斯（Highness）、美琪（Majestic）、科迪（Coding）、嘉斯特（Guest）、康妮雅（Conlia）、四维（Swell）、搜酷（socool）等。

❋ 巧用俗语策划名号

采用俗语命名，即以民间口语、绰号作为企业店铺的名字。事实上，这样的名字有时更容易使广大消费者产生亲近感，也更容易传播。这类命名例子很多，如"天天乐""大家乐""真快活""新又美""阿胖""一定好""好再来""臭得香""鲜得来"等。

中国餐饮O2O（即Online To Offline，是指通过互联网平台线上营销与线上购买带动线下经营和线下消费）平台有"外卖客""惠食天下""饿了么"等，这些O2O平台都能帮助每家餐饮商通过互联网化、信息化提升效率，降低成本，增加收益。其中，"饿了么"这个品牌名就来自日常生活口语，一"名"惊人。由张旭豪、康嘉、汪渊、邓烨等人在上海创立的"饿了么"隶属于上海拉扎斯信息科技有限公司，"拉扎斯"来源于梵文"Rajax"，寓意着"激情和能量"。

又如，天津狗不理包子早先只是小摊食品，老板高贵友的小名叫"狗子"，从制馅、捏包、上屉到出售，前前后后只有他一个人，实在忙不过来，他就在摊头上放一把筷子、一摞碗，客人要吃，就把钱放在碗里，他按钱给包子，顾客吃完了，放下碗筷就走。自始至终，他可以不说一句话。时间一长，人们就开玩笑说："狗子卖包子，一概不理。"久而久之，竟传成了"狗不理"。后来，摊子发展成铺子，"狗不理"也就成了店铺招牌。今天，"狗不理"已成为天津的老字号商标。

"王麻子刀剪铺"也是很有名的一个例子。该店始于清朝顺治八年（1651年），是享誉国内外的一家老字号店铺。清顺治八年，北京菜市口出现了一家经营刀剪、火镰等的店铺。这家店铺老板姓王，脸上长有麻子，人称王麻子，他出售的刀剪质量好，各地的客户也纷纷慕名前来购买，人们都称这家的刀剪为"王麻子刀剪"，最终成为闻名遐迩的招牌。

❋ 中成药起名方法

根据国家食品药品监督管理总局起草的《中成药通用名称命名技术指导原则（征求意见稿）》，中成药命名遵循"科学简洁，避免重名""必要、公道""避免暗示、夸大疗效""体现传统文化特色"四条命名基本原则。中成药通用名称应科学、明确、简短、不易产生歧义和误导，避免使用生涩用语。一般字数不超过8个。其次，一般不采用人名、地名、企业名称命名，也不应用代号命名，不应采用有固定特殊含义名词的谐音，一般不应含有濒危受保护动植物名称。更为关键的是，避免采用可能给患者以暗示的有关药理学、解剖学、生理学、病理学或治疗学的药品名称，如名称中含"降糖、降压、降脂、消炎、癌"等字样；不应采用夸大、自诩、不切实际的用语，名称不能含有"御制""秘制"等溢美之词。对于单味制剂命名，一般应采用中药材、中药饮片、中药有效成分、中药有效部位加剂型命名，如花蕊石散、丹参口服液、巴戟天寡糖胶囊等。可采用中药有效成分、中药有效部位与功能结合剂型命名。对于复合中成药命名，则可以采用处方主要药材名称的缩写并结合剂型命名、主要功能加剂型命名、药物味数加剂型命名、剂量（入药剂量、方中药物剂量比例、单次剂量）加剂型命名、药物颜色加剂型命名等多种方式。

第二节 企业、店铺、产品起名实例详解

❋ 实例一：大游美水上用品有限公司

策划公司名称基本资料：

公司法人代表：许先生

许先生出生时间：公历 1999 年 5 月 31 日 14 时（农历己卯年四月十七日未时）

公司地点：武汉市

公司经营范围：娱乐游艇、水上滑板

起名策划：

许先生出生时间对应四柱如下：

己　己　癸　己

卯　巳　未　未

五行个数（不计藏干）与旺衰等级：1 水、1 木、1 旺火、5 土、0 金，五行不全，缺金。代表本人的日元癸水在四月即巳月不得时令，因为巳月是五行火旺盛的月份，日元癸水无生无帮助，所以日元五行癸水处于相对弱状态，根据《周易》阴阳五行原理，起名补金或者强水对事业发展会更加有利，为此给公司起名叫"大游美"。

名称创意分析：

①从名称意象 MI（以下简称 MI）上讲，"大"形容事业做得大、大气、大方；"游"指游乐、游览、旅游；"美"指美好、风景美、产品美、心灵美。此名称意境好，给人心旷神怡的感

觉,"游"字加强五行水,符合本人生辰五行。

②从名称形象 VI(以下简称 VI)上讲,"大"为交叉结构,"游"为左右结构,"美"属于上下结构,名称字形美观。

③从名称音象 HI(以下简称 HI)上讲,"大游美"读起来朗朗上口,听起来响亮悦耳,而且没有不吉不雅的谐音意义。

④从名称数理意义上讲,"大游美"总格数为 25,暗示意义是:资性灵敏,才能奇特,诚信和气,自成大业。

✱ 实例二:都市木匠装修有限公司

策划公司名称基本资料:

公司法人代表:阮先生

阮先生出生时间:公历 1981 年 4 月 6 日 10 时 42 分(农历辛酉年三月初二日巳时)

公司地点:济南市

公司经营范围:装修工程、家庭装饰

起名策划:

阮先生出生时间对应四柱如下:

　　　　辛　壬　甲　己
　　　　酉　辰　寅　巳

五行个数(不计藏干)与旺衰等级:1 水、2 木、1 火、2 旺土、2 金较旺,五行齐全。代表本人的日元甲木在春季三月即辰月不得时令,尽管辰月是五行土旺盛的月份,但是春季木旺盛,加上甲己相合,还有水生木,所以日元五行甲木处于相对稍微旺状态,根据《周易》阴阳五行原理,字号数理意义吉祥对本人事业发展有利,为此起公司名叫"都市木匠"。

名称创意分析:

①从 MI 上讲,"都市木匠"名称意境好,符合装饰装修行业

特点，使人感到专业。

②从 VI 上讲，"都市木匠"名称字形搭配非常美观。

③从 HI 上讲，"都市木匠"好认好读，叫起来响亮，没有不吉不雅的谐音意义。

④从名称数理意义上讲，"都市木匠"四字的笔画数依次为 16、5、4、6，名称总格数为 31，暗示意义是：智勇得志，博得名利，统领众人，成就大业。

❋ 实例三：帜豪美发服务有限公司

策划公司字号基本资料：

公司法人代表：温女士

温女士出生时间：公历1971年3月14日12时42分（农历辛亥年二月十八日午时）

公司地点：威海市

公司经营范围：理发、美发护理

起名策划：

温女士出生时间对应四柱如下：

　　　　辛　辛　戊　戊
　　　　亥　卯　戌　午

五行个数（不计藏干）与旺衰等级：2金、1水、1旺木、1火、3土，五行齐全。代表本人的日元戊土在二月即卯月不得时令，因为卯月是五行木旺盛的月份，但是有火生土，且卯戌相合，所以日元五行戊土处于相对平衡状态，根据《周易》阴阳五行原理，起名加强水对本人财运有促进作用，为此起公司名叫"帜豪"。

名称创意分析：

①从 MI 上讲，"帜"指旗帜、标帜，独树一帜；"豪"指豪

爽、豪华、自豪。"帜豪"名称寓意好,意为:与众不同,自成一格,令人自豪。

②从 VI 上讲,"帜"为左右结构,"豪"属于上下结构,名称结构简洁美观。

③从 HI 上讲,"帜"读音 zhì,"豪"读音 háo,名称声母、韵母、声调都不同,叫起来朗朗上口,听起来响亮悦耳,没有不吉不雅的谐音意义。

④从名称数理意义上讲,"帜豪"的总格数为29,暗示意义是:智谋奇略,功利俱备,名闻海内,成就大业。"29"数的五行属于水,符合本人生辰五行。

❋ 实例四:小 Q 鹅化妆品

策划产品名称基本资料:

公司法人代表:刘女士

刘女士出生时间:公历1969年11月17日14时22分(农历己酉年十月初八日未时)

公司地点:南京市

公司经营范围:儿童护肤品

起名要求:产品名称中要有"鹅"字

起名策划:

刘女士出生时间对应四柱如下:

己 乙 丙 乙
酉 亥 申 未

五行个数(不计藏干)与旺衰等级:2旺水、2金、1土、1火、2木,五行齐全。代表本人的日元丙火在十月即亥月不得时令,因为亥月是五行水旺盛的月份,只有木生火,所以日元五行丙火处于相对较弱状态,根据《周易》阴阳五行原理,起名加强

火、木对本人事业有促进作用,为此起产品名叫"小Q鹅"。

名称创意分析:

①从MI上讲,"鹅"字很容易让人想到洁白的羽毛,美丽可爱,给人以真实的感觉。"小"加上"Q"更显小巧玲珑,可爱并有卡通形象。"小Q鹅"之名符合少年儿童心理需求,同时体现出高贵、典雅、安全、实用的特点。取名"小Q鹅"符合企业产品命名相关法律法规的要求。

②从VI上讲,"小"为交叉结构,"Q"为圆形结构,"鹅"为左右结构。"小Q鹅"三字组合视觉鲜明、活泼可爱,能引起少年儿童的兴趣。

③从HI上讲,"小Q鹅"这个名字听起来响亮悦耳,没有不吉不雅的谐音意义。

④从名称数理意义上讲,"小Q鹅"总格数为23,暗示意义是:旭日东升,壮丽可观,逐步进展,功名荣达。"23"数的五行属火,符合本人生辰五行。

❋ 实例五:万导手机充电器

策划产品名称基本资料:

公司法人代表:杨先生

杨先生出生时间:公历1981年12月11日9时35分(农历辛酉年十一月十六日巳时)

公司地点:广州市

公司经营范围:手机配件产品

起名策划:

杨先生出生时间对应四柱如下:

　　　　　辛　庚　癸　丁
　　　　　酉　子　亥　巳

第三章
企业、店铺、产品起名技巧与实例

五行个数（不计藏干）与旺衰等级：3旺水、0木、2火、0土、3金，五行不全，缺土与火。代表本人的日元癸水在十一月即子月得时令，因为子月是五行水旺盛的月份，命中水旺水多。火代表本人的财富，木代表财源，起产品名补木或加强火对本人事业发展更有利，根据《周易》阴阳五行原理，为手机充电器产品起名叫"万导"。

名称创意分析：

①从MI上讲，"万"表示万能，寓意为多功能；"导"表示传导、导电。"万导"名称暗示手机充电器质量好，给人安全感。

②从VI上讲，"万导"二字笔画简洁，字形结构优美。

③从HI上讲，"万导"好听好读，没有不吉不雅的谐音意义。

④从名称数理意义上讲，"万导"的繁体字"萬導"笔画数分别是15与16，名称总格数31，暗示意义是：智勇得志，博得名利，统领众人，成就大业。

❋ 实例六：酷朵贝童装店

策划店铺名称基本资料：

店铺法人代表：李先生

李先生出生时间：公历1971年4月18日12时40分（农历辛亥年三月二十三日午时）

店铺地点：广州市

店铺经营范围：儿童服装

起名策划：

李先生出生时间对应四柱如下：

　　　　辛　壬　癸　戊
　　　　亥　辰　酉　午

五行个数（不计藏干）与旺衰等级分析：3水、0木、1火、2旺土、2金，五行不全，缺木。代表本人的日元癸水在三月即辰月不得时令，因为辰月是五行土旺盛的月份，有金生水，还有亥水之源，天干戊癸相合，所以日元五行癸水处于相对平衡状态，根据《周易》阴阳五行原理，起名补木对本人事业有促进作用，为此起店铺名叫"酷朵贝"。

名称创意分析：

①从MI上讲，"酷"源于英文"cool"，表示帅气的、时尚的、令人羡慕的、可爱的；"朵"指花朵，象征美丽、快乐、活泼；"贝"指宝贝，是对孩子、儿童的昵称。"酷朵贝"体现了童装的时尚特点，有时代感，同时有漂亮、大方、活泼的意义。"朵"五行属于木，符合生辰八字五行要求。

②从VI上讲，"酷"为左右结构，"朵"上下结构，"贝"为半包围结构。"酷朵贝"字形搭配流畅，视觉鲜明，形体优美，见之能引起人对时尚、新潮的联想。

③从HI上讲，"酷朵贝"读音为kù－duǒ－bèi，读之上口，听之悦耳，并能激发人们一睹为快的心理，引起消费者的购买欲望。

④从名称数理意义上讲，"酷朵贝"的总格数27（"酷"14画，"朵"6画，"贝"即"貝"7画），暗示意义是：自信心强，意志坚定，愿望强烈，可以成功。

❋ **实例七：护神府健身中心**

策划健身中心名称基本资料：

公司法人代表：乔先生

乔先生出生时间：公历1979年2月3日14时30分（农历戊午年正月初七日未时）

公司地点：略

公司经营范围：略

起名策划：

乔先生出生时间对应四柱如下：

戊　乙　辛　乙

午　丑　丑　未

五行个数（不计藏干）与旺衰等级：4旺土、0水、2木、1火、1金，五行不全，缺水。代表本人的日元辛金在正月初即丑月得生，土生金，土厚土多，需要有水。木代表财富，水代表财源，起名补水对本人事业发展更有利，根据《周易》阴阳五行原理，起名叫"护神府健身中心"。

名称创意分析：

①从 MI 上讲，"护"表示保护、爱护；"神"表示精神；"府"表示锻炼与健身的地方。"护神府"寓意为爱护身心，健身强体，精神十足，美好场所。

②从 VI 上讲，"护神府"笔画字形美观。

③从 HI 上讲，"护神府"与"护身符"谐音，好听好读，没有不吉不雅的谐音意义。

④从名称数理意义上讲，"护神府"的名称总格数39（"护"的繁体字"護"21画，"神"10画，"府"8画），暗示意义是：德泽四乡，富贵荣华，财源茂盛，光明坦途。39的五行属水，符合八字五行要求。

❋ 实例八：百嘉金苑旅游养老基地

策划公司字号基本资料：

公司法人代表：姜先生

姜先生出生时间：公历1971年2月26日16时左右（农历

辛亥年二月初二日申时）

公司地点：略

公司经营范围：农家乐、旅游、养老

起名策划：

姜先生出生时间对应四柱如下：

　　　　辛　庚　壬　戊

　　　　亥　寅　午　申

五行个数（不计藏干）与旺衰等级：2水、1旺木、1火、1土、3金，五行齐全。代表本人的日元壬水在二月初即寅月不得时令，因为春季寅月是五行木旺盛的月份，有金生水，还有亥水之源，所以日元五行壬水处于相对平衡状态，根据《周易》阴阳五行原理，起名叫"百嘉金苑"。

名称创意分析：

①从MI上讲，"百嘉金苑"寓意为百姓美好的幸福之苑。

②从VI上讲，"百嘉金苑"字形搭配美观。

③从HI上讲，"百嘉金苑"好听好读，没有不吉不雅的谐音意义。

④从名称数理意义上讲，"百嘉金苑"总格数39，暗示意义是：德泽四乡，富贵荣华，财源茂盛，光明坦途。

第四章 品牌名称策划技巧与实例

第四章

品牌名称策划技巧与实例

品牌是用以识别某个制造商或经销商的产品或服务，并使之与竞争对手的产品或服务区别开来的专用名称及其标志，通常由文字、标记、符号、图案和颜色等要素或这些要素的组合构成。品牌一般包括两个部分：品牌名称（品牌命名）和品牌标志（品牌设计）。例如：电脑品牌 lenovo联想，"联想"是品牌名称，"lenovo"是联想品牌标志。美国"现代营销学之父"菲利普·科特勒（Philip Kotler）博士说："品牌的意义在于企业的骄傲与优势，当公司成立后，品牌力就因为服务或品质，形成无形的商业定位。"本章重点讲解与品牌名称对应的品牌命名。品牌名称应当具有易读、易懂、易记、易传的特点，只有这样，才能发挥它的识别功能和传播功能。

第一节　品牌名称策划技巧

❋ 借用民歌、故事、小说里的词语或者人物形象策划品牌

借用民歌、故事、小说里的词语或者人物形象策划品牌，是比较常见的起名方法，以下举两个例子说明：

中国饮料行业著名品牌"娃哈哈"名称灵感来自新疆维吾尔族民歌《娃哈哈》。1957年，中国音乐家协会主办的音乐刊物《儿童音乐》首次发表《娃哈哈》词曲，第一部分歌词唱道："我们的祖国是花园，花园里花朵真鲜艳，和暖的阳光照耀着我们，每个人脸上都笑开颜。娃哈哈，娃哈哈，每个人脸上都笑开颜。"

这首儿歌家喻户晓，"娃哈哈"这三个字的重复出现，表现出了孩子们欢乐的样子。1987年，娃哈哈前身——杭州市上城区校办企业经销部成立，宗庆后先生带领两名退休老师，靠着14万元借款，代销汽水、棒冰及文具等，开始了创业历程；1988年，宗庆后以"娃哈哈"为名开办了杭州娃哈哈营养食品厂，开发生产娃哈哈儿童营养液；1993年，杭州娃哈哈营养食品厂更名为杭州娃哈哈集团有限公司。"娃哈哈"含有孩子们开心笑哈哈的意思，与产品功能十分贴切，"娃哈哈"三个字中的元音"a"是人类最容易发的音，组合起来发音自然响亮，有利于模仿，不仅迎合孩子的心理，易于被孩子接受，还赢得大人们的喜爱。

1999年9月，浙江省杭州人马云带领18位创始人在其杭州的公寓中筹建一家网络公司，虽然公司启动资金相对较少，但是马云有雄心壮志，一开始就将网络公司定位为全球性的公司，为给公司取个合适的名字而苦苦思索。有一次，马云在美国出差，突然想起阿拉伯民间故事集《一千零一夜》里的"阿里巴巴的故事"：这个故事讲述了出身穷苦、一贫如洗的樵夫阿里巴巴在去砍柴的路上，无意中发现了强盗集团的藏宝地，并学会了开关宝藏洞门的咒语："芝麻，开门吧！""芝麻，关门吧！"就这样，阿里巴巴轻而易举地得到了大批财富，但他并不完全据为己有。强盗们为除后患，密谋要杀害阿里巴巴。阿里巴巴得到了聪明、机智、嫉恶如仇的女仆莫吉娜的帮助，才化险为夷，并战胜了强盗。马云询问所到之处各个地方的人，无一例外，他们都熟知这个故事，并且各地人们对"阿里巴巴"的发音几乎一致，马云立即拍板决定公司名字就叫"阿里巴巴"。就这样，一个全球响当当的名字就取好了。如今，阿里巴巴公司（英文名 Alibaba Corporation）已成为中国最大的电子商务公司和世界第二大网络公司。"阿里巴巴"

意味着"芝麻开门",寓意企业的网上贸易市场平台为全球企业开启财富之门。

❋ 采用汉语拼音策划品牌

将中文转换成汉语拼音是最简便的品牌名称策划法,但是这种方法也有很大的局限性,一般西方人见了中国的汉语拼音j,p,x,zh,ch,sh,z,都不知道怎么读。比如说"长江""黄河",在音、形、义上,中国人觉得再简单不过了,但写成汉语拼音"Changjiang""Huanghe"进入国际市场,对于外国消费者来说,就弄不清怎么念。

笔者收集了一些比较好的汉语拼音品牌,列举如下:

品牌名	中文名	商品	生产企业
Baoxiniao	报喜鸟	西服	报喜鸟集团有限公司
Jun	骏牌	木地板	上海华泾地板有限公司
NAN	南牌	电缆	广州南洋电缆有限公司
MING	明牌	珠宝、钟表	浙江明牌珠宝股份有限公司
Laoshan	崂山	矿泉水	青岛崂山矿泉水有限公司
LIFAN	力帆	摩托车	重庆力帆实业(集团)有限公司
Longde	龙的	电热水壶	广东龙的集团有限公司
Aite	爱特	空调	上海新爱特家用电器有限公司
BEIFA	贝发	笔	宁波贝发集团有限公司
FAPAI	法派	西服	法派集团有限公司
GAOKE	高科	电话机	深圳市宝安高科电子有限公司
LangSha	浪莎	袜子	浪莎针织有限公司
QINMAN	琴曼	衬衫	江苏琴曼集团有限公司
Wanbao	万宝	电器	广州万宝集团有限公司
AIYIMEI	爱伊美	大衣	爱伊美服饰集团公司

中国电器著名品牌"Haier 海尔"是直接采用汉语拼音作为商标的好例子。海尔品牌的成功有许多因素,单从命名上来说就

很好，没有 j，p，x，zh，ch，sh，z 等声母，外国人读起来不困难，而且三个元音加上一个儿化音，使得整个音节读起来很流畅，确实妙不可言。

❋ 英文单词与汉语拼音变通组合品牌名

将英文单词与汉语拼音组合成谐音品牌名，避免了纯汉语拼音的拗口，例如：

品牌名	中文名	商品	生产企业
MEND∧LE	梦洁	家纺	湖南梦洁家纺股份有限公司
Kinwai	健威	家具	江门健威家具装饰有限公司
Malata	万利达	电子	万利达集团有限公司
SASSIN	三信	电器	三信国际电器上海有限公司
WENSLI	万事利	真丝绸	万事利集团有限公司
YISHion	以纯	休闲服装	东莞市东越服装有限公司
FoRdoo	虎都	西裤	虎都（中国）服饰有限公司
GIHO	杰豪	皮鞋	杰豪集团有限公司

其中，MEND∧LE 仿佛是个外文商标，但其实是由"梦洁"的拼音变通而来，"万事利"更像由外文音译成中文的商标，YISHion 的命名也很妙，FoRdoo 和 GIHO 也跟中文品牌名读音相近。

❋ 化简调换音素策划品牌

中文名称写成汉语拼音的形式后，对名称拼音中的一些音素进行化简调换，使之看起来更像外文，便于外国人根据他们的习惯读出来。比如，用 c 代替 zh、用 on 代替 eng、用 oo 代替 u、用 sh 代替 x、用 y 代替 i，或者去掉一个音素，使之更简洁、易记、易读，这些窍门能解决一些品牌商标发音难和拼写不便的问题，并且使品牌名看起来更像外文。用这种办法命名的品牌如下：

第四章
品牌名称策划技巧与实例

品牌名	中文名	商品	生产企业
CUORi	卓力	吸尘器	浙江卓力电器公司
ROMON	罗蒙	衬衫	罗蒙集团股份有限公司
Shinco	新科	空调	江苏新科电子集团有限公司
KONKA	康佳	电视机	康佳集团股份有限公司
TANBOER	坦博尔	羽绒服	青州市坦博尔服饰有限公司
Meisee	美思	内衣	美思内衣有限公司
JOMOO	九牧	厨卫制品	九牧集团有限公司
Der	德尔	强化木地板	德尔集团苏州地板有限公司

雅戈尔集团股份有限公司的服装品牌 Youngor（雅戈尔）深入人心，Younger 是一个英语单词，意思是"更年轻的"，由于该英语单词太常用，不具有显著新颖特征，容易被模仿，于是商标设计者把其中的字母 e 换成了 o，用在服装上更有吸引力。

❀ **外文词语复合策划品牌**

复合品牌名是由两个或两个以上的词组合而成的名称。复合词是德语最基本的构词方式之一，其优势在于其构词能力强且形式多样，可以有名词与名词、形容词与名词、名词与动词等多种不同组合。例如，德国汉莎航空集团品牌名 Lufthansa 就是用复合方式策划出来的品牌名称。

把至少两个外文单词复合成一个新的品牌名，这是起外文品牌名的方法之一。例如，美国比尔·盖茨公司的 Microsoft（微软）品牌是由"Micro"和"soft"组合成的，Micro 代表的含义是 Microcomputer，即"微电脑"；soft 代表 software，是"软件"，这个品牌名用于电脑软件产品很贴切，并且响亮、易记、易读。

我们经常见到可口可乐品牌 LOGO（即徽标或商标的外文缩

写),但是很多人并不清楚这个品牌到底是怎么来的。原来,Coca 和 Cola 是两种植物的名称,音译为古柯树和可乐树。古柯树的叶子和可乐树的籽是可口可乐的原材料。一位留学英国的中国学者将"CocaCola"译成中文名"可口可乐",其高明之处有三:一是保留了原文押头韵的响亮发音;二是完全抛弃了原文的意思,而是从喝饮料的感受上打攻心战;三是这种饮品的味道并非人人喜欢,很多人甚至觉得它像中药,但它却自称可乐,善于进行自我表扬。

此外,青岛海信集团公司的家电品牌 Hisense 也是用这种方法命名的,在英文 sense 单词前加了 High 的前两个字母 Hi。广东美的集团股份公司的电器品牌 Midea 的命名更巧妙,Midea 是由 My 与 idea 两个词合并而成,意思是"我的理念"或"我的主意",由于字母 y 和 i 发音相同,品牌设计者省略 y,保留 i,取得了很好的效果,该品牌的中文名"美的"的意义美好而新颖。后来,全国出现了许多叫"×的"的仿制商标,因为不知道其命名技巧,达不到 Midea 的效果。

通过在一个单词上添加词缀而获得新词作为品牌名,也是起外文品牌名的方法之一。在美国食品市场上,麦片品牌 CHEER-IOS(喜瑞欧)很受欢迎,这个品牌名是由 Cheer(高兴、愉快)加后缀 ios 合成的,也许是因为品牌名含有愉悦的成分,所以在质量、价格基本一样的情况下,CHEERIOS 比 BRAN(勃兰)麦片销售量高 40% 左右。

1898年,德国人汉斯·施华蔻(1874—1921年)创立了施华蔻品牌,德文名 Schwarzkopf,是当今世界著名美发化妆品品牌,销售遍布全球 80 多个国家,受到众多国际专业发型师的认可和推崇。德语 Schwarzen 表示"黑色",Kopf 表示"头",两词组合为品牌名 Schwarzkopf，这种头发干洗剂一经推出，立刻占领德国市场了。1949 年，施华蔻推出了那个时代最成功的美发品牌"Schauma"，Schaum 意为泡沫，后缀-a 是拉丁语常见的女名词尾，暗示了产品的受众是女性消费者。2004 年，施华蔻荣获"欧洲最可信赖的品牌"称誉。

❋ 独创新词策划品牌

新词是时代发展的烙印，每个时代的人们总是会用词汇来反映自己对所处时代变化的认识。新词更是社会发展的一面镜子，例如，生活中出现了一批以"微"命名的新事物，如微博、微信，于是后来有了微新闻、微电影、微创等词，"微生活"正在改变人们的生活方式和思维模式。在当前"大众创业，万众创新"的热潮下，有些企业或店铺的名称就追求新意。比如，贵州省贵阳市一家本土咖啡馆起名叫悦读时光咖啡馆（Coffee Reading），"悦读时光"品牌连锁店在贵阳遍地开花，成为贵阳的印记，还延伸出了咖啡文化——它让你用品一杯咖啡的时间去读一本书，用读一本书的态度去感受一座城市，用感受一座城市的心情去领悟一段人生。

用独创新词策划品牌名的例子很多，比如：

品牌名	中文名	产品	生产企业
GREE	格力	空调	珠海格力电器股份有限公司
Galanz	格兰仕	微波炉	广东格兰仕集团公司
AUX	奥克斯	空调	奥克斯集团公司
Vinda	维达	生活用纸	维达纸业（广东）有限公司
PRET	普利特	复合材料	上海普利特复合材料有限公司

❋ 文字与数字结合策划品牌

文字与数字结合出品牌名，例如，德国著名果汁糖品牌 nimm2 采用德语里的动词"nimm"与数字"2"的结合方式命名，这体现了品牌命名的标新立异，表达了每天两颗果汁糖便能有效补充维生素的含义。法国 Chanel NO.5（中文名"香奈尔 5 号"）是世界上著名香水品牌，其创始人 Gabrielle Chanel（加布里埃·香奈儿）创造出了香水历史上的奇迹，Chanel 是人名，5 号是创始人香奈儿的幸运数字。

每个企业的 logo 代表着企业的品牌形象，是一种无声但强有力的表达。阳光壹佰置业集团有限公司的 logo 为 阳光100，这个 logo 由"阳光＋100"构成，"阳光"象征生活阳光，开心快乐；"100"含有两个交互的圆形，象征桥梁，寓意沟通、交流；logo 色彩像太阳光的颜色，符合大众的想象。

❋ 品牌延伸起名技巧——主品牌加上新的"小名"

品牌延伸（Brand Extensions）是指企业将某一知名品牌或某一具有市场影响力的主品牌扩展到新产品上，以凭借现有品牌优势推出新产品的过程。例如，"海尔"品牌延伸产品采用主品牌"海尔"加上新的"小名"，"海尔·小神童"洗衣机、"海尔·小王子"冰箱、"海尔·双王子"冰箱、"海尔·大王子"冰箱、"海尔·节能王"热水器、"海尔·小天使"饮水机等，名称都由此而来。

企业实施主品牌加上"小名"策略，一定要抓住消费者对主品牌的信任心理，使"小名"即副品牌传神地表达出产品的品质优势，这就要求"小名"轻松活泼、直白通俗。

第二节　品牌名称策划实例详解

❋ 实例一：无纺布口罩品牌"巴佰春"及其 logo 体现健康理念

策划品牌名称基本资料：

策划品牌名委托人：韩先生

委托人出生时间：公历 1969 年 12 月 17 日 7 时 39 分（农历己酉年十一月初九日辰时）

品牌所属：新型多功能防雾霾无纺布口罩

起名策划：

韩先生出生时间对应四柱如下：

己　丙　丙　壬

酉　子　寅　辰

五行个数（不计藏干）与旺衰等级：2 旺水、1 木、2 火、2 土、1 金，五行齐全。代表本人的日元丙火在十一月即子月处于相对微弱的状态，因为子月是五行水旺盛的时令，根据《周易》阴阳五行原理，起公司产品品牌名加强木或者火对本人的事业发展更加有利，为此策划品牌名及其 logo 如下：

名称创意分析：

从品牌名的意象上讲，"巴"意指巴望、盼望、期望；"佰"字从人、百声。"百"又兼表字义，本义为百人之长，在《康熙

字典》里归属"人"部,象征以人为本;"春"指春天、春色、春晖,象征绿色、希望、生机。因此,"巴佰春"蕴涵着蓬勃向上、生机盎然的创造力与希望,这个品牌名能体现无纺布作为新一代环保材质的优点——防潮、透气、柔韧、质轻、不助燃、容易分解、无毒、无刺激性、色彩丰富、价格低廉、可循环再用等。

从品牌名的形象上讲,"巴"字形为半包围结构,"佰"字形为左右结构,"春"字形为上下结构,"巴佰春"组合起来给人简洁美观的视觉感受。

从品牌名的音象上讲,"巴佰春"读音为 bā bǎi chūn,比较好听。

从 logo 识别性上,红、黄、蓝三原色纯度高,比较亮丽,更容易吸引人的眼球。"巴佰春"选用蓝色,蓝色是本人的吉祥色,有清新、宁静、健康的寓意,整个图案又像抽象的上扬口罩形状,象征事业蒸蒸日上。

从品牌名数理意义上讲,"巴"的笔画数为 4,"佰"的笔画数为 8,"春"的笔画数为 9,"巴佰春"品牌名的总格数 21,暗示意义是:为人尊仰,富贵荣华,立业兴家,大博名利。

从五行上讲,总格数"21"属于木,且"春"具有五行木的特性,加强了本人五行系统里的木。

❀ 实例二:酒坊品牌"鸿福盈"易吸引人

策划品牌名称基本资料:

策划品牌名委托人:刘先生

委托人出生时间:公历 1979 年 4 月 19 日 9 时 42 分(农历己未年三月二十三日巳时)

品牌所属:酒坊

起名策划：

刘先生出生时间对应四柱如下：

己　戊　丙　癸
未　辰　辰　巳

五行个数比例（不计藏干）与旺衰等级：1水、0木、2火、5旺土、0金，五行不全。代表本人的日元丙火在三月即辰月不得时令，因为辰月是五行土旺盛的月份，四柱月天干和时天干有戊癸相合对丙火有利，还有巳火之火种，因此，丙火稍微弱，要得木生才吉，五行缺金无妨。根据《周易》阴阳五行原理，起酒坊品牌名为"鸿福盈"。

名称创意分析：

从品牌名的音象、形象、意象上讲，"鸿福盈"好听美观、鸿福盈门，"酒逢知己千杯少"，酒本身就是祝福、祝寿场合所不可缺少的，"鸿福盈"之名能为这些场合增添更多福气、喜庆。

从品牌名数理意义上讲，"鸿"的笔画数为17，"福"的笔画数为14，"盈"的笔画数为10画，"鸿福盈"品牌名的总格数为41，暗示意义是：智勇得志，博得名利，统领众人，成就大业。

从五行上讲，总格数"41"属于木，弥补本人五行系统里所缺木。

✲ 实例三："玖贯行"融资担保突出品牌实力

策划品牌名称基本资料：

策划品牌名委托人：杨先生

委托人出生时间：公历1982年5月17日9时50分（农历壬戌年四月二十四日巳时）

品牌所属：融资担保行业

起名策划：

杨先生出生时间对应四柱如下：

壬　乙　庚　辛

戌　巳　子　巳

五行个数比例（不计藏干）与旺衰等级：2水、1木、2旺火、1土、2金，五行齐全。代表本人的日元庚金在四月即巳月处于"长生"状态，因为巳月里的土处于较旺的状态，土生金有利，四柱月天干和日天干有乙庚相合也有利，还有时辰天干辛金帮助，这些因素都对本人有利，根据《周易》阴阳五行原理，本人五行没有明显缺漏，起融资担保行业品牌名为"玖贯行"。

名称创意分析：

从品牌名的意象上讲，"玖"泛指美玉，在《康熙字典》里属"玉"部，象征财富。因此，"玖"的康熙笔画数为8。"玖"的基本用法是汉字数字"九"的大写形式，多用于票证、账目等。在《易经》阴阳哲理中，"九"是最大、最高的阳数，有"九五之尊"形容地位崇高。"贯"的繁体字写作"貫"，在《康熙字典》里归属"贝"部，康熙笔画数为11。《说文》："贯，钱贝之贯也。从毌，从贝。"毌，音guàn。"从贝"表示与钱财有关，因此有腰缠万贯、万贯财富之说。"行"指行业、营业场所，如商行、银行、典当行、投行。"玖贯行"能突出品牌实力，非常大气。

从品牌名的形象上讲，"玖""行"都属于左右结构的字形，"贯"属于上下结构的字形，字形组合美观。

从品牌名的音象上讲，"玖贯行"读音为jiǔ guànháng，非常好读、好听。

从品牌名数理意义上讲，"玖"的繁体字笔画数为8，"贯"

的繁体字笔画数为11,"行"的笔画数为6,"玖贯行"品牌名的总格数为25,暗示意义是:资性灵敏,才能奇特,诚信和气,自成大业。

从五行上讲,总格数"25"属土,能加强五行土的力量,能强化金。

✳ **实例四:"暖爱邦"地暖品牌温馨爱家**

策划品牌名称基本资料:

策划品牌名委托人:牛先生

委托人出生时间:公历1976年11月10日20时(农历丙辰年九月十九日戌时)

品牌所属:地暖

起名策划:

牛先生出生时间对应四柱如下:

丙　己　丙　戊

辰　亥　寅　戌

五行个数比例(不计藏干)与旺衰等级:1旺水、1木、2火、4土、0金,五行不全,缺金。代表本人的日元丙火在立冬后的九月即亥月不得时令,因为亥月是五行水旺盛的月份,亥月水气重,日元丙火虽有1木生与1丙火帮助,但是火力仍显单薄,需要木、火相助,才能使日元丙火处于相对平衡的状态,根据《周易》阴阳五行原理,起地暖品牌名为"暖爱邦"。

名称创意分析:

从品牌名的音象、形象、意象上讲,"暖爱邦"读音响亮,字形美观,寓意为:温暖自己,温暖家人,温暖他人,大爱无疆,体现了温馨爱家的理念。

从品牌名数理上讲,"暖"的笔画数为13,"爱"的笔画数为

13，"邦"的笔画数为11，"暖爱邦"品牌名的总格数为37，暗示意义是：权威显达，热诚忠信，宜养雅量，终身荣富。

从五行上讲，"暖"字五行属于火，增强本人五行火的力量，"邦"字从"邑"、从"丰"，表示家邦、国家、城邑。"丰"具有"春季三月，庄稼遍地，蓬勃生长"之义，含五行木的信息。家外天寒地冻，室内温暖宜人，"暖爱邦"名实相副。

✽ 实例五："百树成"体现"百年树人"教育大计

策划品牌名称基本资料：

策划品牌名委托人：张女士

委托人出生时间：公历1976年5月18日8时（农历丙辰年四月二十日辰时）

品牌所属：教育机构

起名策划：

张女士出生时间对应四柱如下：

丙　癸　庚　庚
辰　巳　午　辰

五行个数比例（不计藏干）与旺衰等级：1水、0木、3旺火、2土、2金，五行不全，缺木。代表本人的日元庚金在四月即巳月处于"长生"状态，因为巳月里的土处于较旺的状态，土生金有利，八字时天干有庚金帮助，日元庚金处于相对中和的状态，木代表财富，品牌名中补木对事业发展有利，根据《周易》阴阳五行原理，起教育机构品牌名为"百树成"。

名称创意分析：

从品牌名的音象、形象、意象上讲，"百树成"好认好读，字形结构较美，具有"十年树木，百年树人"的寓意，源自《管子·权修》："一年之计，莫如树谷；十年之计，莫如树木；百年之计,莫如树人。"跟教育行业特点相符。

从品牌名数理上讲,"百"的笔画数 6,"树"的笔画数 16,"成"的笔画数 7 画,"百树成"品牌名的总格数 29 是吉数,29 数理暗示:智谋奇略,功利俱备,名闻海内,成就大业。

从五行上讲,"树"的五行属木,弥补了本人五行的不足,有培养人才、创造财富的寓意。

※ **实例六:"金算盘"品牌命名**

策划品牌名称基本资料:

策划品牌名委托人:张先生

委托人出生时间:公历 1974 年 8 月 13 日 6 时(农历甲寅年六月二十六日卯时)

品牌所属:会计服务机构

起名策划:

张先生出生时间对应四柱如下:

    甲 壬 丙 辛
    寅 申 戌 卯

五行个数比例(不计藏干)与旺衰等级:1 水、3 木、1 火、1 土、2 金,五行齐全。代表本人的日元丙火在六月即申月不得时令,因为秋季申月是五行金旺盛的月份,秋季因此被称为金秋季节,八字日时天干有丙辛相合,辛金代表财富,财来合日元丙火,对本人有利,八字日时地支有卯戌相合也有利,还有甲木生丙火,即丙火得生,年月地支寅申相冲,削减申金之力也好,这些有利要素使日元丙火处于相对平衡的状态,根据《周易》阴阳五行原理,为服务行业品牌起名为"金算盘"。

名称创意分析:

从品牌名的音象、形象、意象上讲,"金算盘"读音好听、

字形美观、意义雅正。"金"指金银，象征利润；"算盘"是中国的传统计算工具，"金算盘"名称符合会计服务行业的特点。

从品牌名数理意义上讲，"金"的笔画数为8，"算"的笔画数为14，"盘"按照繁体字"盤"计为15画，"金算盘"品牌名的总格数为37，暗示意义是：权威显达，热诚忠信，宜养雅量，终身荣富。

从五行上讲，"金"在本人八字五行系统里表示财富，名实相副，名利双收。

附录

起名常用字笔画、读音、五行、释义

附 录

起名常用字笔画、读音、五行、释义

本附录列举最新起名常用汉字笔画、拼音、五行、释义，需要说明的是：

（1）汉字后面的数字是指该字的笔画数，一般是汉字的繁体字笔画数，也有的汉字笔画数是按照起名特殊规则计算的（具体规则详参本书第二章第一节），尤其是部首按该字在《康熙字典》里所属部首笔画计算；

（2）比较难认的汉字有注音；

（3）汉字五行是根据汉字字形五行、汉字音韵五行或者字义五行确定的；

（4）每个汉字都有解释，主要列举该字用于起名时的含义；

（5）有的汉字在括号里加了繁体字。

A

阿：13，音韵五行属土，有"亲昵"的意思，左"阝"在《康熙字典》里属于"阜字部"，按8画计算。

爱（愛）：13，音韵五行属土而不是属金，繁体字形五行属火，所以"爱"字五行具有"土"的厚德载物与"火"的热情有礼，"爱"的繁体字"愛"在《康熙字典》里属于"心字部"，"心"属火。"爱"的意思是热爱、关爱、仁爱。

挨：11，五行属金，意为靠近、顺次，"扌"在《康熙字典》里属于"手"部。

皑（皚）：15，从字义五行上讲，"皑"属金，寓意为洁白。

蔼（藹）：22，五行属木，本义是树木繁盛的样子，寓意为和气、和善。

艾：8，五行属木，指一种植物，有美好、漂亮、长寿的意思。"艹"在《康熙字典》里属于"艸字部"，计6画。

瑷（璦）：18，ài，从字义、字形上讲五行"瑷"属土，美玉的意思。"王"在《康熙字典》里属于"玉字部"。

安：6，音律五行属土，平安。

岸：8，五行属土，高大、伟岸。

昂：8，五行属火，太阳升起来，昂扬，高仰。"昂"在《康熙字典》里属于"日字部"。历史上用"昂"字起名的著名人物有唐代文学家陈子昂。

凹：5，āo或wā，五行属土，不平、低洼之义，象征有特性。用"凹"字起名的人有当代作家贾平凹。

翱：18，áo，字义五行属水，指翱翔，喻人自由自在地飞翔。"翱"在《康熙字典》里被列为【未集中·羽字部】，写作18画的"翱"是"翱"的异体字。

敖：11，áo，字义五行属水，本义是出游、闲游，寓意为悠闲。"敖"在《康熙字典》中写作"敖"，属于【卯集下·攴部】。用"敖"字起名的人有当代台湾作家李敖。

奥：13，五行属土，含义为深广，在《康熙字典》中写作"奧"。

澳：17，五行属水，意思是海边弯曲可以停船的地方，"氵"按"水"部4画计算。

墺：16，ào，五行属土，《康熙字典》写作"墺"，《说文解字》说："墺，四方土可居也。"

B

八：2或8，从音律上讲五行具有水、土二重性，表示数目，寓意为发达、吉祥。

巴：4，五行具有水、土二重性，意思是盼望，期望。

芭：10，从字形字义上讲五行属木，香草，"艹"头按6画"艸"计算。

百：6，从音律上讲五行属水，比喻很多。

柏：9，bǎi，五行属木，指柏树，象征意志顽强。

拜：9，从音律上讲五行具有水、土二重性，表示敬意的礼节，行礼祝贺。

伴：7，从音律上讲五行具有水、土二重性，同伴、陪同。

邦：11，五行具有水、土二重性，象征城邦、国家，右"阝"按"邑"计算笔画数为7。

帮：17，五行具有水、土二重性，指辅助、帮助，《康熙字典》写作"幫"。

宝：繁体写作"寶"是20画，写作"寶"是19画，五行属土，意思表示珍贵。

保：9，五行具有水、土二重性，意思是保护。

贝（貝）：7，五行属土，意思是宝贝。

本：5，五行属木，意思是根源。

必：5，五行属火，意思是一定、果真。"必"在《康熙字典》里属于"心字部"。

标（標）：15，五行属木，意思是榜样、表扬。

滨（濱）：18，五行属水，指水边。

彬：11，五行属木，意思是文雅。

冰：6，五行属水，象征纯洁。

炳：9，五行属火，意为光明。

秉：8，五行属木，意为秉性、秉正、秉公。"秉"在《康熙

字典》里属于"禾字部"。

波：9，五行属水，指水波，寓意为美丽。

博：12，五行属土，意思是博大、博爱。

C

采：8，从字义、字形上讲五行属木，意思是有才华，有活力，风采，引申为采集、搜集。

才：3，五行属金，指才能。

彩：11，五行属木，指色彩。

沧（滄）：14，cāng，五行属水，指沧海，"氵"旁按4画"水"计算。

婵（嬋）：15，五行属金，有美好的意思。

昌：8，五行属火，意为兴旺。

菖：14，从字义、字形上讲五行属木，指一种植物。

长（長）：8，从音律上讲五行属金，意思是特长、长远。

昶：9，chǎng，五行属火，意思是日长、舒畅、畅通。"昶"在《康熙字典》里属于"日字部"。

畅（暢）：14，五行属火，意思是舒畅、畅通。"畅"在《康熙字典》里属于"日字部"。

超：12，从音律上讲五行属金，意思是超越、高超。

朝：《康熙字典》里【辰集上·月字部】"朝"的康熙笔画是12，因为这里的"月"字旁不是表示"肉"的信息，所以不能按照6画计算。

琛：13，chēn，五行属土，指玉石、珍宝。"琛"在《康熙字典》里属于"玉字部"。

辰：7，五行属土，指时辰、星辰。

晨：11，五行属土，指早晨。

成：7，五行属金，指成功、成就。"成"在《康熙字典》里属于"戈字部"。

诚（誠）：14，五行属金，指真诚、诚信。

程：12，从字形上讲五行属木，指前程、规矩。"程"在《康熙字典》里属于"禾字部"。

承：8，从音律上讲五行属金，指继续、继承。

橙：16，五行属木，指一种树。

骋（騁）：17，chěng，五行具有金、水二重性，意思是奔跑、放开、发挥，如骋望、骋志。

驰（馳）：13，五行具有金、水二重性，意思是奔驰、向往。

弛：6，从音律上讲五行属金，指放松。

筹（籌）：20，五行属木，指运筹、筹划、谋划。"筹"在《康熙字典》里属于"竹字部"。

畴（疇）：19，chóu，从字义上讲五行属土，指田地。

楚：13，从字形上讲五行属木，意思是清晰、整洁。"楚"在《康熙字典》里属于"木字部"。

川：3，五行具有土、水二重性，指平原、平地、河流。

传（傳）：13，chuán，五行属土，意思是传播、表达、传授。

钏：11，从字形上讲五行属金，指金钏、镯子。

春：9，从季节上讲五行属木，象征有生机。

椿：13，从字形、字义上讲五行属木，指一种树木。

纯（純）：10，从字形上讲五行属木，意思是纯洁、专一。

淳：12，chún，五行属水，意思是朴实、质朴、淳朴。

慈：13，从字形上讲五行属火，指和善、慈祥、仁爱。"慈"

在《康熙字典》里属于"心字部",康熙笔画14画是错误的。

从(從):11,从音律上讲五行属金,意思是参加、跟随、依顺。

琮:13,cóng,五行属土,指一种玉器。

萃:14,五行属木,指聚集、荟萃。

存:6,五行具有金、水二重性,意思是存在、保留、存水、寄存、怀有。

D

达:《康熙字典》里【酉集下·辵字部】既有康熙笔画为10画的"达",又有康熙笔画为16画的"達",可见"达"为古今字,读音为dá时,"达"又有繁体字"達"。从音律五行上讲,"达"字具有土性;从字义五行上讲,"达"字具有水性,有畅通、发达、显贵、通晓、明白之义。

大:3,五行属土,指宽广、大度。

代:5,五行属土,指时代、代表。

当(當):13,五行属土,指正当、主管、担当。

珰(璫):18,五行属土,指一种玉质饰品。

道:16,五行属土,指德行、规律、事理。

德:15,五行属土,指品德、德行。

登:12,五行属土,表上升、攀登。

笛:11,五行属木,指笛子。

荻:13,dí,五行属木,指一种草本植物。

迪:12,五行具有火、金二重性,意思是启发。

殿:13,五行属土,指宫殿。

定:8,五行属土,意为坚定、稳定、平安。

鼎：13，dǐng，五行属金，含义有庄重、鼎盛，象征吉祥。

东：8，五行属木，指东方。

冬：5，五行属水，指冬季。

栋：12，五行属木，指栋梁，比喻成才。

洞：10，五行属水。用"洞"起名的历史名人有张之洞。

朵：6，五行属木，指花朵。

铎（鐸）：21，duó，五行属金，指大铃。

E

尔（爾）：14，从音律上讲五行属土，指你的、如此，用于词尾，如"卓尔"。

恩：10，五行属火，指恩德、恩惠、感恩。

鹅（鵝）：18，五行属土，指家禽、天鹅。

娥：10，五行属土，指女子姿容美好。

锷（鍔）：17，五行属金，指刀剑的刃。用"锷"起名的历史名人有蔡锷。

F

发（發）：12，五行具有土、水二重性，意为发达。

法：9，五行属水，指方法。

帆：6，fān，五行属木，意为一帆风顺。

凡：3，五行具有土、水二重性，意为平凡。

芳：10，五行属木，指芳香、美好。

方：4，五行属土，意为大方、正直。

放：8，五行属土，意为自由。

飞：9，五行具有土、水二重性，意为飞翔。

菲：14，五行属木，意为香美、芳菲。

斐：12，fěi，五行属土，指有文采的样子。

翡：14，五行属土，指玉石、翡翠。

芬：10，五行属木，意为芬芳。

奋（奮）：16，五行属土，意为奋斗、振作、鼓劲。用"奋"起名的历史名人有邹韬奋。

丰（豐）：18，五行具有木、土二重性，指茂盛、丰美、风度神采，丰盛。

枫：13，五行属木，指一种树。

锋（鋒）：15，五行属金，意为先锋。

峰：10，五行属土，指山峰。

奉：8，五行属土，指奉献。

凤（鳳）：14，五行属土，指凤鸟，象征吉祥。

福：14，五行属土，意为幸福。

富：12，五行属水，意为富裕、财富。

馥：18，五行属木，指香气。

G

盖（蓋）：16，五行具有木、土二重性，当"遮盖、盖房、超好"之义时，读作 gài，只有当"地名与姓氏"时，读作 gě，繁体的"蓋"在《康熙字典》里属于"艸"部。《康熙字典》里【午集中·皿字部】也有11画的"盖"字，并引《正字通》注：俗"蓋"字。今"盖"为"蓋"之简化字。"盖"开头的成语：盖世之才、盖世英雄、盖世无双、盖棺论定。用"盖"字起名的有著名的京剧表演艺术家盖叫天。

甘：5，五行具有土、木二重性，意为美好、情愿。

附录

起名常用字笔画、读音、五行、释义

刚（剛）：10，五行属金，意为刚强。"刚"在《康熙字典》里属于"刀"部。

钢：16，从字形、字义上讲五行属金，表示意志坚强。

格：10，五行属木，意为正式、标准。

阁（閣）：14，五行属木，指楼阁。

根：10，五行属木，指根源、根本。

赓（賡）：15，五行具有土、木二重性，意为继续。

耿：10，五行具有火、土、木三重性，意为正直、光明。

功：5，五行具有土、木二重性，指功绩、成就、本领。

观（觀）：25，五行属土，意为观看、壮观。

冠：9，五行属土，意为超过众人、冠军。

贯：11，五行属土，意为贯彻、贯通。

光：6，从字义上讲五行属火，意为光明、荣耀。

广（廣）：14，五行属土，意为广阔、广大。

国（國）：11，五行属木，指国家。

H

海：11，五行属水，意为大海。

函：8，五行属土，意为匣、盒子、套子。

涵：12，五行属水，意为涵养。

晗：11，五行属火，意为明亮。

翰：16，五行属土，指有文采、有学问。

瀚：20，五行属水，意为浩大。

航：10，"航"有"航行、行舟、船行、渡过、舟"等义，故"航"字五行属水。有人从字音的五行上说"航háng"属木，这仅仅是根据"h"属木来讲的，犯了以偏赅全、舍本逐末的错误。

豪：14，五行具有土、木二重性，意为豪爽、豪杰、豪迈、豪气。

好：6，五行具有土、木二重性，意为美好。

浩：11，五行属水，意为有气势、宏大。

和：8，五行具有木、土二重性，意为和气、和谐、温和。

河：9，五行属水，意为河流。

赫：14，五行具有土、木二重性，意为显明、盛大。

鸿（鴻）：五行属水。"鸿"当作鸟类的"鸿鹄、鸿雁、鸿信（书信）"解释时，归为【鸟字部】，总笔画数是17。"鸿"当"鸿水（大水，即洪水）、鸿泉（洪水的源头）、鸿体（洪水的主流）、鸿波（洪水的波）、鸿儒"解释时，归为【水字部】，总笔画数为18。

弘：5，五行具有土、木二重性，以土为主，意为弘扬、光大、弘业。

宏：7，五行属土，意为宏大、博大。

华（華）：13，五行属木，意为美丽光彩、精华，"艹"头按6画"艸"计算。

桦（樺）：14，五行属木，意为桦树，因该字在《康熙字典》中属"木"部，所以按4画"木"部计算笔画。

骅（驊）：19，五行具有金、水、土三重性，意为骏马。

铧（鏵）：18，五行属金，意为安装在犁上用来破土的铁片，即犁铧。

怀：《康熙字典》里【卯集上·心字部】既有8画的"怀"字（"忄"计为"心"，4画），又有20画的"懷"字，五行属火，意为想念、关怀。

附录
起名常用字笔画、读音、五行、释义

欢（歡）：22，五行具有木、土二重性，意为喜悦、欢喜。

还（還）：20，五行具有木、土、水三重性，意为回到原处、偿付。

环（環）：18，五行属土，意为中央有孔的圆形佩玉、围绕。

桓：10，从字义、字形上讲五行属木，意为木柱。

辉：15，从字义、字形上讲五行属火，意为光辉。

晖（暉）：13，从字义、字形上讲五行属火，意为阳光。

惠：12，五行属火，意为贤惠。"惠"在《康熙字典》里属于"心"部。

荟（薈）：19，从字义、字形上讲五行属木，意为草木茂盛，引申为会集、荟萃。

蕙：18，从字义、字形上讲五行属木，意为蕙草、蕙心（喻指女子内心纯洁、美丽）。

J

基：11，五行属土，意为基础、根基。

吉：6，五行属金，意为吉利、吉祥。

继（繼）：20，五行具有金、木二重性，意为继续、继承。

加：5，五行属金，意为增加。

佳：8，五行具有金、土二重性，意为美好、美丽。

嘉：14，五行属金，意为喜庆、美好。

甲：5，五行属木，意为第一、最好。

家：10，五行具有金、土二重性，意为家庭、家乡。

坚（堅）：11，五行属土，意为坚强、坚定。

俭（儉）：15，五行属金，意为节俭。

建：9，五行属金，意为建设、建造。

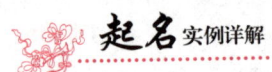

健：11，五行属金，意为健康。

洁（潔）：16，五行属水，意为清洁、干净、廉明、纯洁、高尚，"氵"按4画"水"计算。

金：8，五行属金，象征有价值。

津：10，五行属水，意为滋润。

瑾：16，五行属土，指美玉，喻指美德，属"玉"部。

进（進）：15，五行具有金、水二重性，意为上进、前进。

静：16，五行具有金、土二重性，意为文静、安静。

敬：13，五行属金，意为尊敬。《康熙字典》里【卯集下·攴字部】"敬"的总笔画数是13。

靖：13，五行属金，意为平静、安定。

娟：10，五行属水，意为秀丽、美好。

涓：11，五行属水，意为细小的水流。

军（軍）：9，五行属金，泛指有组织的集体。

君：7，五行属金，意为正直、有教养。

骏（駿）：17，五行具有金、水、土三重性，意为骏马。

俊：9，五行属金，意为英俊。

K

开（開）：12，五行具有土、木二重性，意为开通、开朗。

凯：12，五行属土，意为胜利、成功。

楷：13，五行属木，意为楷模。

科：9，五行属木，意为科学。

可：5，五行具有木、土二重性，意为同意、适合。

肯：10，五行属土，意为赞同、乐意，但本义是着骨之肉，所以"肯"下的"月"在《康熙字典》里属于"肉"部。

附 录
起名常用字笔画、读音、五行、释义

匡：6，五行属土，意为帮助、匡正、匡政、匡扶、匡时济世。

坤：8，五行属土，意为大地。

琨：13，五行属土，意为美玉。《说文解字》："琨，石之美者。从玉，昆声。"

L

劳（勞）：12，五行具有火、土二重性，属于《康熙字典》里【子集下·力部】，意为勤劳、劳动、功劳。

兰（蘭）：23，五行属木，意为兰花。

乐（樂）：15，当"喜悦、快乐、乐趣"解释时读作 lè；当"音乐、声乐"解释时读作 yuè，五行属木。

罗：《康熙字典》里【未集中·网部「罒」】："羅，《说文》以丝罟鸟。又国名。又姓，《姓氏急就篇》罗氏，颛顼后，封于罗，今房州也。子孙以为氏。"以【网部】中的"罒"字头论"罗"的繁体字笔画数是 19 画；直接以【网部】论"罗"的繁体字笔画数则是 20。所以，繁体字的"罗"字以 19 画论更加合理，五行属木。

利：7，五行属金，意为顺利。

丽（麗）：8（19），五行具有火、金二重性，《说文解字·鹿部》："麗，旅行也。鹿之性，见食急，则必旅行。从鹿，丽声。""丽"的本义是旅行，后来的字义为美丽、漂亮，如丽姝（亦称姝丽，美女）、秀丽、富丽、绚丽、丽质。在《康熙字典》里的【子集上·丶字部】有 8 画的"丽"字，并注解："《集韵》：麗古作丽。注详鹿部八画。"同时在《康熙字典》里的【亥集下·鹿字部】有 19 画的"麗"字。清代文字学家段玉裁《说文解字

注》："旅行也。此麗之本義，其字本作丽，旅行之象也。"所以今天简体的"丽"字，在古代就有两种写法，"麗"字本作"丽"，后加"鹿"，成为形声字。

里：《康熙字典》里【酉集下·里字部】"里"的总笔画数是7，意思是居住的地方。《尔雅·释言》："里，邑也。"《左传》："里，居也。""里"解释为"衣服的内层，内部"时，有两种繁体写法——"裏""裡"。《康熙字典》里【申集下·衣字部】"裏"的总笔画数是13，"裡"的总笔画数也是13，"裡"同"裏"，五行具有火、土、金三重性。

蕾：19，五行属木，意为花蕾。

联（聯）：17，五行属土，意为联系、联合。

亮：9，五行属火，意为明亮。

良：7，五行属土，意为好。

邻（鄰）：19，五行属土，意为相邻。

林：8，从字义、字形上讲五行属木，意为林木。

琳：13，五行属土，意为玉石。

霖：16，五行属水，意为雨、恩泽。

铃：13，五行属金，意为铃铛、响铃。

玲：10，五行属土，意为玉石的声音。

灵（靈）：24，五行属水，意为机灵。

伶：7，五行属土，意为伶俐。

令：5，五行属土，意为美好、指令。

流：11，《康熙字典》里【巳集上·水字部】标注"流"的总笔画数是10，部外笔画数是6，这是错误的，部外笔画数应是7，故"流"的总笔画数应是11，五行属水，意为河流、水流、潮流。

附录

起名常用字笔画、读音、五行、释义

琉：12，《康熙字典》里【午集上·玉字部】"琉"的总笔画数是12，部外笔画数是7，五行属土，意为琉璃。

柳：9，五行属木，指柳树。

潞：lù，五行属水，《康熙字典》里【巳集上·水字部】"潞"的笔画数是16，这是错误的。因为"潞"字的部外偏旁"路"的康熙笔画数是13（见《康熙字典》【酉集中·足字部】"之路"），"氵"属于水字部，按照4画计算，所以"潞"的繁体字笔画数应该是17。

璐：18（《康熙字典》记为17画是错误的），五行属土，意为美玉。

隆：17，五行属土，意为盛大、兴盛、尊崇、高起。

龙（龍）：16，五行属土，比喻首领、豪杰才俊，象征吉祥。

珑（瓏）：21，lóng，五行属土，指古人在大旱求雨时所用的玉，上面刻有龙形花纹，"王"旁按"玉"计算，5画。

伦（倫）：10，五行属土，意为有条理、伦理。

M

曼：11，五行属土，意为柔和、柔美。

缦（縵）：17，màn，五行属木，意为丝织品。

镘（鏝）：19，màn，五行属金，指古代铜钱上没有铸字的一面、抹墙用的铁具。

蔓：17，五行属木，意为蔓草、蔓延。

茂：11，五行属木，意为茂盛。

梅：11，五行属木，意为梅花，比喻脱俗、高洁。

萌：14，五行属木，意为美好的愿望开始、萌发。

盟：13，五行具有火、土二重性，意为同盟。

梦（夢）：14，五行属木，意为梦想。"梦"在《康熙字典》里属于"夕"部。

民：5，五行属土，意为人民。

敏：11，五行属土，意为灵敏、聪敏。

明：8，五行属火，意为明亮。

铭：14，五行属金，意为铭记。

默：16，五行具有土、水二重性，意为心中自明、不多言，幽静。

模：15，五行属木，意为模范。

谟（謨）：18，mó，五行具有水、土二重性，意为计谋、策略，如宏谟、雄谟。

墨：15，五行属土，意为黑色颜料。

牧：8，五行属水，意为放牧、治理。

睦：13，五行属水，意为和睦、和好、亲近。

N

娜：10，五行属土，意为柔美，女子人名用字。

楠：13，五行属木，意为楠树，象征贵重。

妮：8，五行具有火、金二重性，表示对女孩的爱称。

宁（寧）：14，五行属土，意为安宁。

柠（檸）：18，五行属木，指一种树木。

能："能"当"传说中的一种像熊的兽或者古代一种三足鳖"解释时，"月"字部"从肉"，表示"肉"的意思，犹如龍（龙）之"月"从肉也。所以，《康熙字典》把"能"列为【未集下·肉字部】，总笔画数是12。但是如果"能"表示"才干、本领、才能、能力、胜任、善于、可能、应该、能耐"等与

"肉"不沾边的含义，就不能归类为"肉字部"，而应该像《现代汉语词典》那样归类为【厶字部】，总笔画数计为10，五行具有土、金二重性。

P

培：11，五行属土，意为培养。

佩：8，从音律上讲五行具有水、土二重性，意为玉佩、佩戴、心悦诚服、钦佩、敬仰。"珮"不是"佩"的繁体字，"珮"在《康熙字典》里属于【午集上·玉部】，而"佩"属于【子集中·人部】，"人部"即以"人"为部首的汉字。

珮：11，五行属土，本义是系在衣带上的玉饰品，如：玉带、玉珮。"珮"在《康熙字典》里属于【午集上·玉字部】，即为"玉"字部首的汉字。

朋：8，五行属土，意为朋友。

沛：8，从字形上讲五行属水，意为充沛。

平：5，五行属土，意为平安。

萍：14，五行属木，意为水草。"萍"在《康熙字典》里属于"艸"部。

泊：9，五行属水，意为湖泊。

朴（樸）：16，五行属木，意为朴素、质朴。

普：12，从字形上讲五行属火，意为普及、全、普照、普天同庆。"普"在《康熙字典》里属于"日"部。

Q

齐（齊）：14，五行属金，意为齐全、整齐。

奇：8，五行属金，意为特有、奇迹。

启：11，五行属金，意为启发、启迪。

绮（綺）：14，五行具有木、金二重性，意为美丽、丝织品。

琦：13，五行属土，意为美玉、美好、珍奇，"王"旁按"玉"部计算，5画。

琪：13，五行属土，意为美玉。

祺：13，从音律上讲五行属金，意为吉祥、安详。

谦（謙）：17，五行属金，意为谦虚、谦厚、谦恭。

骞（騫）：20，qiān，五行属水，意为飞起、高举。用"骞"起名的有汉代著名外交家张骞。

前：9，五行属金，意为前进。"前"在《康熙字典》里属于"刀"部。

倩：10，五行属金，意为美丽、美好。

勤：13，五行属金，意为勤奋、辛勤。

沁：8，五行属水，意为沁润。

清：12，五行属水，意为清澈、纯净。

晴：12，五行属火，意为晴朗。

庆（慶）：15，五行属金，意为欢庆、庆贺。

琼（瓊）：20，五行属土，意为美玉。

全：6，五行属水，意为全部、完善。

权（權）：22，五行属木，意为权利。

泉：9，五行属水，意为泉水。

群：13，五行属土，意为众多。"群"在《康熙字典》里属于"羊"部。

R

然：12，五行属火，表示"……的样子"、对、正确。"然"

在《康熙字典》里属于"火"部。

让（讓）：24，五行属金，意为谦让。

仁：4，五行属木，木主仁，即五行木具有仁的特性，意为仁义、仁慈。

容：10，五行属金，象征度量大、容量。

蓉：16，五行属木，意为芙蓉，象征纯洁。

如：6，五行属水，意为如意。

若：11，五行属木，指一种香草，《康熙字典》里【申集上·艸部】有"若"，部首"艹"即"艸"部，所以"若"字的总笔画数为11。"若"字多义，表示顺从、如此、像。

儒：16，五行属水，指有修养、有学问。

锐（銳）：15，五行属金，意为敏锐。

润：16，五行属水，意为滋润。

S

森：12，五行属木，意为森林。

山：3，五行属土，意为靠山、山峰。

姗：8，五行属金，形容姿态好。

善：12，五行属金，意为善良。

上：3，五行属金，意为上进。

尚：8，五行属金，意为高尚。

韶：14，五行属金，意为美好。

生：5，五行具有土、金二重性，意为产生、生活。

圣（聖）：13，五行具有土、金二重性，意为最高的品德、学问。

石：5，五行属土，意为石头。

诗：13，五行属金，意为诗歌，象征美好。

示：5，五行属金，意为表明。

首：9，五行属金，意为首领。

书（書）：10，五行具有水、木二重性，意为写在竹简、帛、纸等载体上的著作。

舒：12，五行属水，意为舒心、舒服。

树：16，五行属木，指树木。

顺（順）：12，五行属金，意为顺利。

思：9，五行具有火、金二重性，意为思想、考虑、思念。

松：8，五行属木，指松树。

索：10，五行具有木、金二重性，意为寻找、思索。

T

太：4，五行属土，形容程度最高。

坦：8，五行属土，意为平坦。

堂：11，五行属土，意为堂堂正正。

棠：12，五行属木，指一种植物。

涛（濤）：18，五行属水，意为波涛。

韬（韜）：19，五行属土，意为智谋、韬略。

腾（騰）：20，在《康熙字典》里属【亥集上·馬部】，五行具有火、土二重性，意为腾达。

天：4，五行属金，意为自然、天空、每天。

亭：9，五行属土，意为均匀、亭子。

婷：12，五行属土，形容美好。

同：6，五行属土，意为共同。

桐：10，五行属木，指梧桐。

附 录
起名常用字笔画、读音、五行、释义

拓：9，五行属土，意为开拓。

W

威：9，五行具有土、金二重性，意为有气魄、威武。

为（爲）：12，五行具有水、土二重性，意为成为、作为，治理，研究。

薇：19，五行属木，指一种植物。

位：7，五行具有水、土二重性，意为方位、位置。

巍：21，wēi，五行属土，表高大之意。

维（維）：14，五行具有土、木二重性，意为保存、维护、思维。

蔚：17，五行属木，意为草木茂盛。

文：4，五行属水，意为文雅、文化。

雯：12，五行属水，指彩云。

X

希：7，五行属金，意为希望。

喜：12，五行属金，意为喜悦。

霞：17，五行属水，指彩云。

香：9，五行具有木、土二重性，意为香气。

祥：11，五行属土，意为吉祥，"礻"按"示"计算笔画数，为 5 画。

翔：12，五行具有水、土二重性，意为飞翔。

笑：10，五行属木，意为欢笑。

啸（嘯）：《康熙字典》里【丑集上·口部】中"嘯"标注笔画数 15，这是错误的，该字应是 16 画，因为"肃"字 13 画，五

行属金，含义是呼啸、号召。"啸天"形容激动、奋发的样子。

效：10，五行属土，意为效果。

协（協）：8，五行具有木、金二重性，意为协作、共同。

新：13，五行具有木、金二重性，意为新奇、新鲜。

欣：8，五行具有木、金二重性，意为快乐、生机旺盛。

昕：8，五行属火，意为太阳将要升起、黎明。

忻：8，五行属火，归为"心"部，意为高兴、喜悦。

行：6，从字义上讲五行属水，意为行动、行为。

兴（興）：16，五行属金，意为兴旺。

秀：7，五行属金，意为秀丽。

旭：6，五行属火，意为早晨的阳光。

轩（軒）：10，五行具有水、木二重性，指有气度。

萱：15，五行属木，意为植物。

楦：13，五行属木，意为拿东西把物体中空的部分填满使物体鼓起来，做鞋用的模型。

煊：13，五行属火，意为煊赫，形容名声很大、声势浩大。

璇：16，五行属土，指美好的玉石。"璇"在《康熙字典》里属于"玉"部。

学（學）：16，五行属水，意为学问、学识。

雪：11，五行属水，意为下雪、雪白。

训（訓）：10，五行属金，意为教导、准则。

迅：10，五行具有金、水二重性，意为快速。"迅"在《康熙字典》里归为7画的"辵"部。

Y

亚：8，五行属金，表示第二。

雅：12，五行属金，意为文雅、高雅。

燕：16，五行属火，指燕子，比喻灵巧、可爱。"燕"在《康熙字典》里属于"火"部。

岩：8，五行属土，指岩石。

言：7，五行属金，指语言、言行。

艳（艷）：24，五行属金，意为鲜艳、漂亮。

颜（顔）：18，五行属金，指颜色。

彦：9，五行属金，意为有才华。

妍：在《康熙字典》里【丑集下·女部】"妍"的总笔画数是9，《字汇》同"妍"。五行属金，意为美好。

阳（陽）：17，五行属火，意为阳光，左"阝"旁按"阜"计算笔画，为8画。

仰：6，五行具有土、金二重性，意为敬仰。

耀：20，五行属火，指光线照射、照耀、光耀、光荣。

业（業）：13，五行属木，指事业、伟业。繁体的"業"在《康熙字典》里属于"木"部。

叶（葉）：15，五行属木，指树叶。

烨（燁）：16，yè，五行属火，意为火光、日光、光辉灿烂，属"火"部。

晔（曄）：16，yè，五行属火，指光，属"日"部。

仪（儀）：15，五行属金，指仪容、礼节、贺礼、准则、威仪。

毅：15，五行属金，指毅力。

艺（藝）：21，五行属木，指艺术、技能。

宜：8，五行属金，意为适宜、合适。

沂：8，五行属水，河水名。

奕：9，五行具有金、火二重性，意为精神焕发、光明。

薏：19，五行属木，指一种植物。

逸：15，五行具有金、水二重性，意为安逸、快乐。

易：8，五行属火，意为容易、简易。

谊（誼）：15，五行属金，意为友谊、情谊。

怡：9，五行属火，意为愉快、心情舒畅。

熠：15，yì，五行属火，意为光耀。

屹：6，五行属土，意为坚定。

茵：12，五行属木，形容茂密。

胤：11，yìn，五行属土，指后代。"胤"在《康熙字典》里属于"肉"部。宋朝开国皇帝名叫赵匡胤。

迎：11，五行具有金、水二重性，意为欢迎。

英：11，五行属木，指有才智。

颖（穎）：16，五行属金，意为新颖、聪明、有才能。

瑛：14，五行属土，指玉的光彩、美石。"瑛"在《康熙字典》里属于"玉"部。

勇：9，五行属金，意为勇敢、有胆量。

雍：13，五行属金，意为和谐、文雅大方。

玉：5，五行属土，指玉石。

育：10，五行属水，意为培育、培养、开导。"育"下的"月"旁在《康熙字典》里属于"肉"部。

俞：9，五行属水，意为同意、安然。

宇：6，五行具有土、水二重性，指房屋、疆土、空间。

煜：13，五行属火，指光耀、火焰大。

元：4，五行属金，意为开头。

原：10，五行属土，意为平原。

园（園）：13，五行属土，意为园地。

源：14，五行属水，意为源泉。

悦：11，五行具有水、金二重性，意为喜悦。

岳：8，五行属土，指高山。

运（運）：16，五行属水，指运动、运气。

韵（韵、韻）：《康熙字典》里【戌集中·音部】有13画的"韵"，也有19画的"韻"，五行属金，意为有节奏。

Z

再：6，五行具有土、金二重性，意为继续、多次、更加。

则（則）：9，五行属金，意为准则、效法、模范。

泽（澤）：17，五行属水，意为滋润、有水的地方。

占：5，五行属金，意为占有。

展：10，五行属金，意为发展、察看、发挥、展望。

赞（贊）：19，五行属土。意为帮助、辅佐、夸奖、称扬。

章：11，五行属金，指文章。

璋：16，五行属土，指玉石。

兆：6，五行具有火、金、土三重性，意为先兆。

钊（剑）：10，五行属金，意为勉励。

哲：10，五行属金，意为有智慧、哲理。

真：10，五行属金，意为真实、真诚。

珍：10，五行属土，意为珍贵。

振：11，五行属金，意为振兴。

正：5，五行属金，意为正直。

政：五行属金，在《康熙字典》里归入【卯集下·攴（攵）部】。《现代汉语词典》与《新华字典》也把"政"列入4画的

【攴部】，总笔画数是9。清代段玉裁《说文解字注》："政，正也。《论语》孔子曰：'政者，正也。'从支从正。正亦声。之盛切。""政"字由"正"与"支（攴）"构成，而"正"在《康熙字典》里笔画数是5，"支（攴）"在《康熙字典》里的笔画数是4，所以"政"的总笔画数应该是9，由此可知，《康熙字典》里"政"的笔画数8是错误的。

之：3，五行属金，助词，虚词。

芝：9，五行属木，指灵芝。

直：8，五行属金，意为正直。

智：12，五行具有水、火二重性，水主智，意为智慧。

至：6，五行属金，意为到、最，如"至诚"。

治：9，五行属水，意为治理、管理。

中：4，五行具有土、金二重性，指中心、适中。

忠：8，五行属火，意为忠心。

洲：10，五行属水，指水中的陆地、大陆及其附属岛屿的总称。

卓：8，五行属水，意为卓越。

宗：8，五行属土，意为宗旨、正宗。

祖：10，五行属水，意为祖国、祖宗。

作：7，五行属水，意为作为、振作。